e

ardone

GIORGIO NARDONE
ALESSANDRO SALVINI

IL DIALOGO STRATEGICO

Comunicare persuadendo: tecniche evolute per il cambiamento

PONTE ALLE GRAZIE

Progetto grafico: *the*World*of*DOT

Prima edizione: settembre 2004
Nuova edizione: giugno 2018
Prima ristampa: marzo 2019
Seconda ristampa: marzo 2020
Terza ristampa: aprile 2021
Quarta ristampa: maggio 2022

Il nostro indirizzo Internet è:
www.ponteallegrazie.it

Ponte alle Grazie è un marchio
di Adriano Salani Editore s.u.r.l.
Gruppo editoriale Mauri Spagnol

ISBN 978-88-3331-053-4

Prefazione

Questo libro rappresenta al tempo stesso il punto di arrivo e di partenza di un percorso di ricerca, applicazione clinica e consulenza manageriale realizzate nell'arco di oltre quindici anni presso il Centro di Terapia Strategica di Arezzo dopo la sua fondazione a opera di Giorgio Nardone e Paul Watzlawick. Tale cammino ha visto impegnati e dare il loro contributo non solo gli autori ma molti altri: colleghi, collaboratori e studiosi sia italiani che stranieri, e pazienti, spesso inconsapevoli dell'aiuto offerto durante i nostri dialoghi.

«Punto di arrivo» poiché il dialogo strategico, ovvero la tecnica evoluta per condurre un singolo colloquio «terapeutico» capace di indurre radicali cambiamenti nell'interlocutore, rappresenta la sintesi di tutto ciò che è stato realizzato in precedenza. Questa raffinata strategia per *ottenere il massimo con il minimo* è venuta a costituirsi come una naturale evoluzione della precedente formulazione di modelli di trattamento specifico per particolari patologie, composti di stratagemmi terapeutici e da una sequenza di manovre costruiti ad hoc per le differenti tipologie di problema. È stato proprio il successo conclamato di tali protocolli in termini di efficacia ed efficienza terapeutica a indirizzarci a strutturare anche il primo colloquio come un vero e proprio intervento, piuttosto che come una fase preliminare. Così le domande sono divenute sempre più strategiche, le parafrasi più marcatamente ristrutturanti, il linguaggio più evocativo di sensazioni, e infine le prescrizioni sono diventate la spontanea evoluzione del dialogo strategicamente realizzato, piuttosto che una forzatura ingiuntiva. In tal maniera il *conoscere i problemi mediante le loro soluzioni*, da costrutto e metodo di ricerca, è divenuto logica operativa e strategica per il primo, e spesso unico, incontro di terapia o consulenza.

«Punto di partenza», in quanto il perfezionamento della tecnica del dialogo strategico e la sua sperimentazione, con effetti sorprendenti sia nel promuovere cambiamenti sia nelle possibili applicazioni a diversi contesti, hanno aperto nuove promettenti prospettive di ricerca e di intervento. Ciò, dal nostro punto di vista, è dovuto al fatto che i cambiamenti indotti non sono il prodotto di direttive che «l'esperto» dà «all'inesperto», ma il frutto di scoperte congiunte dei due a seguito di un dialogo a tal fine sapientemente strutturato.

In questo modo si azzera la naturale resistenza che ogni sistema umano, individuale o esteso, oppone al cambiamento del suo equilibrio anche quando questo sia sofferto o addirittura patologico; anzi, mediante il *dialogo strategico* tale limite viene trasformato in risorsa. Poiché il terapeuta, come un saggio stratega, con sapienti manovre, guida il suo interlocutore a essere l'attore protagonista della scena, in modo tale che si persuada di ciò che egli stesso sente e scopre.

La «magia» di questa tecnica risiede nella sua *dirompente essenzialità*: ovvero, parafrasando i primi Sette Sapienti della tradizione ellenica, «nulla di troppo, solo ciò che è abbastanza».

Capitolo 1

*La scoperta del dimenticato**

1. *Il dialogo, la dialogica e la dialettica: le forme sottili della persuasione*

> Non bisogna far violenza alla natura, ma persuaderla.
>
> *Epicuro*

«Non c'è nulla di nuovo sotto questo cielo se non il dimenticato». Le parole di Santajana valgono anche per la più attuale, ma al tempo stesso antica forma di comunicazione persuasoria: *l'arte del 'dialogo'*.

Questo è il motivo per cui ci piace iniziare la nostra esposizione con una breve rassegna storica relativa all'uso del dialogo come strumento persuasorio, sia nella comunicazione scritta che in quella orale.

L'utilizzo a fini strategici di questo stratagemma retorico, infatti, affonda le sue radici nella storia della civiltà. Già il significato etimologico del dialogo, *dia-logos*: intelligenza a due, scambio d'intelligenze o incontro d'intelligen-

* Questo capitolo è stato redatto con la collaborazione della dottoressa Simona De Antoniis.

ze, fa riferimento a un atto comunicativo attraverso il quale raggiungere una nuova conoscenza, scoprire insieme qualcosa in più di quello che si può da soli.

Nelle sue varie forme, il dialogo rappresenta l'artificio retorico, forse, più utilizzato nella storia del pensiero umano e della sua divulgazione.

Non a caso è la forma espositiva più ripetuta nelle dissertazioni scientifiche, religiose e filosofiche sia del mondo occidentale sia di quello orientale.

Pensiamo al noto dialogo riferito dai primi Profeti tra il diavolo e Dio, nel quale il Maligno induce Dio a torturare Giobbe, il suo più devoto credente, per mettere alla prova la sua reale devozione, ma soprattutto consideriamo il gran numero di pensatori i quali, dialogando con i propri interlocutori, hanno potuto diffondere le proprie idee e convincere della loro validità. Ecco perché, secondo noi, il dialogo rappresenta uno strumento piuttosto straordinario. Il lettore, pertanto, dovrà perdonare il nostro excursus storico, necessariamente non esaustivo, di esempi di uso persuasorio del dialogo. Questo non certo per difendere o aggredire alcuna posizione ideologica, bensì per evidenziare il potere formidabile di questo stratagemma retorico.

Il primo a servirsi dell'efficacia persuasiva del linguaggio fu Protagora, il principale esponente dei grandi sofisti dell'antica Grecia. Maestro di sapienza, Protagora fa uso della *eristikè tèchne*, arte del disputare, con l'obiettivo di persuadere l'interlocutore della propria tesi (Abbagnano, 1993; Volpi, 1991). Un'arte fondata sul fare domande piuttosto che sul proporre affermazioni; domande strutturate in successione per far evolvere le risposte dell'interlocutore nella direzione desiderata dal persuasore. Il segreto risiedeva nell'evitare di contrastare le convinzioni da decostruire con contro affermazioni, guidando invece l'interlocutore a *scoprire* le alternative attraverso domande sapientemente proposte. In tal maniera, quello si convinceva che le tesi sulle quali alla fine concordava erano sue scoperte, non proposte o imposizioni.

Così congegnato, il dialogo richiedeva delle capacità *suggestive* e per certi versi «teatrali» e Protagora, da vero esperto, aveva creato persino una scenografia con lo scopo di introdurre se stesso a chi richiedeva i suoi «costosi» servigi. Quando questi, infatti, si presentava in casa di un nobile, convocato per i suoi insegnamenti, portava con sé un gruppo di seguaci che gli facevano coda, disposti in due file. Non appena Protagora si fermava, le persone dietro di lui si distribuivano ai suoi lati, come a formare le quinte di un teatro, per poi tornare a far coda quando ricominciava a camminare. Insomma, tutto era studiato nei minimi particolari, anche il linguaggio non verbale e gli effetti scenici.

Proprio dai sofisti il dialogo venne elevato a tecnica retorica e, in quanto tale, inserito tra le discipline che gli uomini, membri del nuovo stato democratico, studiavano per nobilitare se stessi. Infatti il sapere, secondo Protagora, consiste nel bagaglio di conoscenze in grado di coinvolgere attivamente il maggior numero di persone nella società; è un sapere pratico oltre che teorico, basato su una sintesi di disposizione naturale ed esercizio costante. Così il filosofo si occupa dell'importanza della parola, studia la metafora, il linguaggio, la forma aforistica e i metodi dell'argomentare attraverso logiche non ordinarie. Secondo alcuni, Protagora fu allievo di Democrito, colui che per primo ritenne che la materia consiste in piccole sostanze infinite e il primo a parlare di atomi. Di qui, l'applicazione allo studio delle particelle linguistiche e al loro utilizzo all'interno di un dialogo. Purtroppo, dei suoi scritti è rimasto pressoché nulla, poiché le sue opere, oltre cento, furono bruciate sulla pubblica piazza di Atene con l'accusa di empietà

(Diels, Kranz, 1981). Protagora affermava: «L'uomo è la misura di tutte le cose» e, riguardo agli dei, sosteneva che non era possibile accettare «né che sono, né che non sono» (Diogene Laerzio, IX, 51): una posizione *spregiudicata*, poiché radicalmente relativista e in opposizione a qualunque forma di ortodossia o verità rivelata. Protagora insegnava e praticava un relativismo conoscitivo, non morale, sostenendo che il sapiente, con le armi del discorso e dell'eloquenza, indirizza l'interlocutore verso ciò che è più giusto per lui e più utile per le vicende del suo divenire. La sua tecnica raffinata fu tacciata di essere un desiderio illecito di indagare in modo fraudolento i problemi fisici e morali, fonte di scetticismo religioso e strumento di una manipolazione disonesta mediante gli artifici della sofistica. Ironia della sorte, Protagora e Socrate, benché rivali, furono accomunati dalla stessa condanna: empietà.

In contrapposizione al dialogo eristico, che era una pura tecnica retorica senza nessuna assunzione ideologica, ma al contrario, strumento, come affermava il grande sofista Gorgia, per convincere l'interlocutore di qualunque tesi, Socrate pratica la *dialettica*, ovvero il dialogo orientato alla ricerca della «verità», non l'opinionistica negazione di una tesi avversaria. La sua tecnica consisteva nell'ammettere, in via di ipotesi, le affermazioni dell'interlocutore e nel far vedere come, da tali presupposti, si giunga a conseguenze inaccettabili; l'intento era quello di aiutare l'interlocutore a giungere, con la sua stessa ragione, a nuove verità.

Mentre Protagora e i sofisti furono tacciati di esser mistificatori della parola e l'importanza della loro influenza sulla filosofia successiva fu a lungo misconosciuta, la traccia socratica ha segnato il pensiero occidentale. Perché tutto l'occidente si rifà a Socrate in quanto iniziatore del metodo di indagine basato sulla ragione: la sua famosa affermazione «conosci te stesso» è il fondamento del razionalismo e dell'idea che per cambiare una cosa bisogna conoscerla; della convinzione secondo la quale attraverso procedimenti logico-razionali è possibile comprendere i fenomeni, spiegarli e di conseguenza intervenire su di essi. Nasce quella che potremmo definire con Nietzsche «l'illusione razionalista».

Socrate riprende le tecniche retoriche di Protagora, ma le trasforma in qualcosa di sostanzialmente diverso: uno strumento di ricerca della verità, all'interno dell'esperienza dell'individuo. La dialettica aiuta l'individuo a conoscere se stesso e la realtà che lo circonda.

In linea con l'idea di un'arte «maieutica», piuttosto che «retorica», Socrate rinuncia a scrivere, e lo fa per scelta, enfatizzando così il carattere d'irripetibilità della ricerca dialettica. Al silenzio letterario di Socrate fanno eco gli scritti del suo discepolo Platone, guarda caso, sotto forma di dialogo. Una produzione vastissima, una forza persuasoria che ha influenzato la filosofia dei secoli successivi.

Presentandosi ufficialmente come depositario dell'insegnamento di Socrate, egli non esita nei suoi scritti ad andare al di là del patrimonio dottrinale del maestro; scrive in nome di un sapere 'aperto', ma questa dichiarazione è, di per sé stessa, un espediente retorico persuasorio. Nei suoi dialoghi, 34 in tutto, Platone dà voce a molti filosofi importanti, facendoli parlare tutti, sì, ma a modo suo. La figura di Socrate ne è esaltata, egli è quasi sempre il personaggio principale, in polemica con i sofisti, ai quali attribuisce affermazioni estreme e deprecabili. Anch'egli usò il «dialogo retorico» come espediente letterario persuasorio (Boorstin, 2003). Solo nei dialoghi più maturi e più ricchi presenterà e difenderà esplicitamente i capisaldi del proprio pensiero. Nei dialoghi giovanili Platone sgombra il terreno dalle tesi opposte al suo sistema. In altri termini, fa sostenere ai pensatori che lo avevano preceduto, compresi Protagora, Gorgia, Socrate, tesi funzionali allo svolgersi del suo procedimento dialettico. E queste tesi hanno talmente influenzato le teorie successive da condurre Whitehead a dichiarare che «Tutta la filosofia, per quasi venti secoli, non è altro che una serie di note in calce alle affermazioni di Platone». Possiamo dunque paradossalmente affermare che il primo grande «impostore del pensiero scritto» ha condizionato, grazie alla sua capacità espositiva, basata sull'espediente del dialogo, l'evolversi del pensiero filosofico per quasi venti secoli.

Nel *Menone* Platone formula per la prima volta la teoria della *reminiscenza*. In questo famoso dialogo Socrate, attraverso opportune domande, riesce a far sì che uno schiavo, del tutto ignaro di geometria, pervenga da sé alla dimostrazione del teorema di Pitagora. Ciò è possibile, sostiene Platone, non perché un sapiente uso del linguaggio può persuadere di qualunque credenza, come sostenevano i sofisti, ma perché l'uomo porta in sé la conoscenza, e sta all'arte maieutica del filosofo «far uscire» tale patrimonio. Per cui la conoscenza torna ad essere un concetto definibile in maniera assoluta, non è una prassi relativa all'uomo come soggetto giudicante; non è più l'uomo a misurare la verità, come volevano Protagora e i sofisti, o a farla emergere attraverso la ragione, come indicava Socrate; è la verità metafisica, sono le «idee assolute» a 'misurare' l'uomo, a definirlo e a fornirgli la regole del pensare e del vivere. È così che Platone tradisce il suo maestro e la sua ricerca libera dai dogmi, per introdurre la propria *assolutistica* ideologia.

E a tale scopo, per imporre le 'idee assolute', Platone non disdegna nemmeno la retorica sofista, anzi la utilizza.

«Un discorso chiaro e perfetto è determinato da quattro cose: da ciò che bisogna dire, da quanto bisogna dire, dalle persone a cui bisogna rivolgersi e dal tempo in cui bisogna dirlo. Quello che bisogna dire deve apparire utile a chi ascolta; quanto bisogna dire deve essere né più né meno di quello che è sufficiente per farsi capire; quanto alle persone a cui ci si rivolge, bisogna tenerne bene conto; quanto al tempo, bisogna parlare nel momento opportuno, né prima né dopo. Diversamente non si parlerà bene e si andrà incontro ad un insuccesso». (Roncoroni, 1993).

A quanto pare, per dimostrare il vero, egli poteva essere non così legato al vero.

Che una cosa sia reale o sia falsa, è la forma che la rappresenta a renderla vera; l'efficacia persuasoria dei dialoghi platonici ne è una delle prove più disarmanti.

Con la sua abilità espositiva Platone è riuscito a presentare all'umanità qualcosa di suo come se fosse una verità universale.

La dialettica platonica è induttiva, procede di proposizione in proposizione, di concetto in concetto fino alle verità generali, ai principi, alle «idee», alla Metafisica. Questo è il motivo per cui Platone è da sempre piaciuto così tanto ai religiosi, depositari della verità più assoluta, quella di Dio. È, infatti, nei dialoghi della maturità che abbiamo la prima apparizione, nella storia della filosofia, dell'idea di *verità assoluta*. Filosofia e fede si congiungono. E, secondo Platone, chi, nella 'Repubblica', non si conforma alla verità dovrebbe essere relegato al di fuori della pòlis per essere rieducato, finché non accetti la verità, dopo di che potrà essere reintrodotto nella città.

B. Russel, in uno dei *Saggi impopolari* (1950), è giunto a considerare come un autentico «scandalo» l'ammirazione che l'opera di Platone ha sempre riscosso da parte dei politici; ma la portata politica dei dialoghi platonici è comprensibile se si considera il loro impianto persuasorio. Sotto questo profilo possono essere usati come un manuale di tecniche per l'esercizio dell'influenza ideologica. Per questo Platone può essere ritenuto il maestro della persuasione filosofica mediante la scrittura. Infatti, è proprio grazie al successo dell'opera di Platone che l'artificio letterario del dialogo divenne lo stratagemma retorico dei grandi storici greci e latini, Plutarco, Erodoto, Luciano (Boorstin, 2003).

In seguito Aristotele, allievo di Platone, sviluppò la dialettica basata sulla logica del 'vero-falso' e del 'terzo escluso'. Da qui in avanti la retorica della persuasione, nella logica e nella scienza, viene relegata ad una mera procedura di spiegazioni per 'sillogismi', ovvero mediante procedimenti *deduttivi* rigidamente riduzionisti, del tipo: «se è bianco non è nero»; oppure: «tutti i cani hanno quattro zampe, ha quattro zampe quindi è un cane»...

Ma in questo caso, è decisamente ambivalente leggere *La retorica ad Alessandro*, poiché in questo libro – pur partendo dalla più inquisitoria accusa nei confronti dei sofisti, definiti disonesti mentitori, operata nelle sue *Confutazioni Sofistiche* – Aristotele propone al suo principe una serie di tecniche di comunicazione decisamente 'sofistiche', come ad esempio: «se vuoi persuadere qualcuno fallo attraverso le sue stesse argomentazioni».

Il dialogo come forma di retorica della persuasione, all'interno non solo dei testi ma anche delle dispute verbali, è la base della ricerca di conoscenza e verità del movimento filosofico della "Scolastica", la filosofia cristiana del Medioevo.

Nelle università medievali vennero sviluppate numerose strategie retoriche per sostenere con successo le dispute intellettuali; il dialogo diventa lo strumento per portare l'uomo a far propria la verità rivelata attraverso le sacre Scritture. Fiorisce così il *'dialogo religioso'*: in forma orale, nelle dispute tra teologi sui dogmi della chiesa, e in forma scritta, nei trattati ecclesiastici. A ciò si aggiunge anche il genere letterario del dilemma da risolvere: i dialoghi *insolubilia* tra Dio e il demonio. Attraverso il dialogo, tra la figura demoniaca sempre cattiva, che vuole arrivare subdolamente alla manipolazione, e la figura di Dio sempre magnanima, gli scolastici propongono dilemmi 'insolubili' per arrivare a concludere che ci sono due possibilità: esiste il bene ed esiste il male, da che parte vuoi stare? Ciò che più sorprende è il gioco persuasorio creato dagli scolastici e utilizzato in molte delle loro dissertazioni: l'*illusione di alternative*, l'alternativa tra bene e male. Racchiudendo tutta la realtà tra le due possibilità, bene e male, un dialogo siffatto propone implicitamente quale sarà la tua scelta: il bene. Tuttavia, già allora qualcuno si ribellò alla *'verità assoluta'* e alla presentazione di questa come ovvia conclusione di un dotto ragionamento. Costui, un anonimo eretico, lo fece usando le stesse armi dei suoi nemici: un dialogo paradossale. Ci è giunto nella forma di un dilemma nel quale il diavolo inchioda il suo rivale, Dio, con una richiesta impossibile da soddisfare: «*Se sei onnipotente, crea un macigno talmente grande che nemmeno tu puoi sollevare*». Se Dio non può sollevare il macigno non è più onnipotente, se non può crearlo non è più onnipotente. Tuttavia, al di là di questo esempio irriverente, gli scolastici produssero un'opera persuasoria senza eguali: i dialoghi a illusione d'alternativa; per di più, intorno ai loro dibattiti si animò la Prima Università, quella di Parigi e, sulla stessa scia, tutte le altre università in Europa.

San Tommaso d'Aquino è forse l'interprete più brillante di questa scuola. Egli sviluppò l'arte retorica in maniera sopraffina nella dottrina Scolastica. Prova di ciò è la sua formidabile *Summa Teologica* ove, come un funambolo dell'argomentazione, guida il lettore attraverso «*domande che creano le risposte*» in un percorso teso ad avvalorare le tesi della Chiesa cattolica. Egli non propone dogmi ma «interrogativi», in un dialogo letterario diretto al lettore che crea risposte predeterminate.

Un esempio famoso dell'utilizzo della logica a *illusione d'alternative*, sfruttata dagli scolastici, è quello che ne fece Blaise Pascal nell'argomentazione nota come «*la scommessa*». Egli afferma che tra credere e non credere nell'esistenza di Dio e dell'Aldilà è più conveniente di gran lunga credere, poiché se l'aldilà non esiste avrai solo perso la scommessa; ma se esiste e tu non ci hai creduto, avrai perso la vita eterna. Ci sarà solo da guadagnare a comportarsi da credente, pregando, inginocchiandosi, segnandosi con l'acqua santa... poiché c'è almeno una possibilità che Dio esista, per non parlare dei potenziali benefici della fede. Attraverso argomentazioni apparentemente razionali, Pascal conduce alla *decisione* razionale di credere nell'irrazionale (Elster, 1983; Nardone, 2003N).

Abbiamo un'ulteriore prova del fatto che la «verità» diviene tale in virtù della capacità di presentarla in maniera accettabile e convincente. Ecco che il tanto vituperato relativismo dei sofisti e la loro raffinata tecnica persuasoria riappaiono costantemente, anche se sotto velate spoglie, nella storia del pensiero umano e della sua divulgazione.

Parallelamente alla produzione medievale del dialogo religioso si sviluppa il «*dialogo scientifico*». Dunque, anche un campo virtualmente neutro come quello della scienza ha avuto bisogno di una sua retorica della persuasione per far conoscere e accettare le tesi sostenute dagli scienziati.

Un esempio per tutti è Galileo Galilei, che scrive in volgare il *Dialogo sopra i due massimi sistemi del mondo, tolemaico e copernicano*, senza affermare esplicitamente quale di essi sia da preferire. Galilei intende dimostrare l'insostenibilità della fisica aristotelica, la validità della cosmologia copernicana e l'esistenza di vere e proprie prove fisiche – il fenomeno delle maree, le macchie solari e lunari, i satelliti di Giove – a sostegno della teoria dei moti di rotazione e rivoluzione della terra (spiegazione oggi tuttavia riconosciuta erronea). Per fare ciò egli utilizza l'espediente retorico del dialogo fra tre persone di estrazione culturale completamente diversa: lo studioso, il religioso, l'ignorante. Anche in questo caso, la tecnica retorica guadagnò al suo utilizzatore il successo delle sue teorie innovative, le quali altrimenti sarebbero rimaste nell'oblio. Infatti Galileo scrisse il suo *Dialogo* dopo che le sue teorie erano già state bollate come eretiche. La questione copernicana viene presentata come un'ipotesi matematica senza arrivare ad alcuna conclusione sulla sua effettiva validità.

Anche nei secoli a seguire, la maggioranza dei grandi scienziati ha presentato il proprio lavoro sotto forma di dialogo (Boorstin, 2003; Hellman, 1999). Le più importanti scoperte che hanno cambiato la storia dell'umanità sono state presentate, da un punto di vista retorico, come dialoghi tra persone immaginarie che discutono su di un argomento, oppure attraverso un dialogo sottile tra chi scrive e il suo lettore. In entrambi i casi, l'esplicitazione delle teorie dell'autore giunge come inevitabile evoluzione dell'argomentazione. Lo stesso Einstein, quando presenta la teoria della relatività, adopera uno stile dialogico con il lettore, cosa che ha decretato gran parte della sua popolarità.

Nel campo della psicoterapia, poi, fin dai suoi albori, il dialogo ha rappresentato una tecnica fondamentale non solo come modello di presentazione delle proprie argomentazioni, ma soprattutto come tecnica d'indagine della psiche e del comportamento umano.

«*Le parole in origine erano magiche*» è la famosa affermazione di Freud che sottolineava il potere della parola e del dialogo tra l'analista e il suo paziente come strumento di conoscenza e di cambiamento. Con Freud nasce il «*dialogo psicanalitico*», caratterizzato da un *setting* particolare: il lettino, la posizione dell'analista dietro al paziente... una scenografia atta ad ampliare la potenza di tale forma particolare di dialogo. Il paziente, sdraiato, senza guardare il suo interlocutore – che rimane seduto alle sue spalle – dà il via alle proprie associazioni mentali. Il commento dello psicanalista *innesca* così altre associazioni – per così dire – «libere», cui seguiranno altre interpretazioni ancora. Tutto, nella strutturazione del dialogo psicanalitico, è orientato ad avvalorare le teorie di Freud sull'inconscio e a farne una dottrina da instillare mediante un percorso dialogico rigidamente ritualizzato.

L'ondata psicanalitica, con il suo focalizzarsi sul dialogo interiore che scaturisce dalla stessa teoria, per molti anni ha dominato incontrastata e ancora oggi stuoli di seguaci ne dichiarano l'assoluta «verità».

Tutto ciò ha spostato l'attenzione dall'*osservabile* al *nascosto*, dall'interazione delle persone, alle loro dinamiche inconsce, fondando una sorta di tirannia platonica dell'inconscio sul conscio, mediante una specifica retorica: il dialogo psicanalitico.

Tuttavia, già prima di Freud, alcuni pensatori ritenuti i fondatori della moderna psicologia, quali Bacone, Locke e James, avevano messo in risalto l'enorme potenzialità dello scambio comunicativo tra persone sottoforma di dialogo, come strumento di conoscenza e di cambiamento degli individui e delle loro opinioni. William James, in particolare, focalizzando le sue ricerche sui processi personali e interpersonali dette inizio alla feconda scuola di studi sistematici sul linguaggio e sull'interazione comunicativa, il «Pragmatismo».

George Mead procedette sulla stessa scia, analizzando

anche più specificamente l'aspetto delle interazioni simboliche prodotte dal dialogo tra le persone. Erving Goffman in seguito sviluppò tale prospettiva sino a studiare approfonditamente le dinamiche dell'interazione strategica, ovvero come gli individui possano utilizzare consapevolmente le tecniche dialogiche per raggiungere i loro scopi persuasori.

Tuttavia, sono due le personalità che hanno effettivamente fatto da contraltare alla dottrina psicanalitica: Milton Erickson e Carl Rogers. Il primo è noto per il suo studio empirico e applicato dell'ipnosi e del linguaggio ipnotico. A lui si devono anche la prima formulazione di approccio strategico alla psicoterapia (Erickson, 1930) e la sistematizzazione di tecniche di comunicazione suggestiva all'interno del dialogo terapeutico. A Rogers (1997) si deve la formulazione di un modello di conversazione clinica atta a sviluppare *empatia* attraverso la tecnica del «mirroring», ossia il rispecchiamento delle assunzioni del cliente. Ma bisogna aspettare gli anni '40 per assistere a un recupero vero e proprio, all'interno delle scienze umane, di un'attenzione specifica alla comunicazione e alla tecnica del dialogo come strumento capace di produrre cambiamenti prefissati negli atteggiamenti e nei comportamenti delle persone. Si deve a Gregory Bateson e al suo famoso gruppo di ricercatori il primo progetto di studio sulla comunicazione e i suoi effetti non solo semantici e sintattici, ma soprattutto pragmatici. Ciò sta a significare che, 2400 anni dopo, ci si interessa nuovamente, in maniera sistematica e libera da assunzioni dogmatiche, di come l'utilizzo strategico del linguaggio possa indurre cambiamenti radicali nella percezione e nella «gestione» della realtà da parte delle persone. Per la prima volta, grazie alle registrazioni filmate, differenti tipologie di comunicazione vengono rigorosamente analizzate nella loro struttura e nei loro effetti. Le tecniche della sofistica, quali l'uso di antilogie e paradossi, e il ricorso a una logica non lineare e non ordinaria, vengono sistematicamente studiate e sperimentate come efficaci strumenti comunicativi. In particolare viene dimostrata la loro idoneità ad affrontare tutte quelle situazioni umane in cui la logica razionalista e il linguaggio della dimostrazione e della spiegazione naufragano, come nel caso delle forme severe di disturbo psichico o delle relazioni conflittuali.

Non è casuale che Bateson strutturi una delle sue opere più importanti utilizzando il dialogo come espediente per imprimere nel lettore, attraverso le domande del giovane e le risposte del saggio, maggiore efficacia ai contenuti e alla loro forma espressiva. Egli conia il termine «*metalogo*» per definire la sua particolare tecnica, una combinazione tra sentenze quasi criptiche e spiegazioni illuminanti: stile espositivo, questo, tanto disarmante quanto affascinante.

Da tale progetto miliare nacque la cosiddetta *Scuola di Palo Alto*, ossia l'approccio allo studio degli esseri umani, della loro interazione, sana o malata, pacifica o conflittuale e delle possibili concrete soluzioni a tali problemi, basato sulla pragmatica della comunicazione (Watzlawick, 1969).

In questa prospettiva, lo studio delle forme di dialogo tra persone divenne lo studio delle terapie psicologiche della comunicazione per influenzare le persone, mediante il linguaggio, a cambiare la loro realtà (Watzlawick, Weakland, Fisch, 1974).

Con la scuola di Palo Alto viene a costituirsi una nuova tradizione di studi interdisciplinari che, rifacendosi all'antica tradizione dei sofisti, dei cinici e degli stoici, al loro «relativismo teorico e pragmatismo operativo» (Salvini, 1989), propone una metodologia per lo studio e per l'intervento sui problemi degli esseri umani legata al costrutto di base per cui la comunicazione «costruisce» la realtà, e all'idea brillantemente espressa da Oscar Wilde, che «il vero mistero non sia l'invisibile, ma ciò che si vede».

2. *Conoscere cambiando: il dialogo strategico*

> Abbi ben chiare le cose da dire: le parole verranno.
>
> *Catone*

«Non si può non comunicare» è il primo postulato della *Pragmatica della comunicazione* (Watzlawick, 1967). Dunque, si deve scegliere se farlo in modo casuale e subire tale ineluttabilità, oppure scegliere di farlo strategicamente e gestirla.

Da questa assunzione nasce l'approccio strategico, ovvero l'applicazione alla comunicazione interpersonale e terapeutica delle formulazioni teoriche e applicative, frutto del lavoro del gruppo di Palo Alto (Watzlawick, Weakland, 1980; Nardone, Watzlawick, 1990; Watzlawick, Nardone, 1997). Piuttosto che basarsi su una teoria della natura umana per «analizzare» il comportamento, il modello strategico di terapia si occupa del modo in cui l'uomo *percepisce* e *gestisce* la propria realtà attraverso la comunicazione con se stesso, gli altri e il mondo, trasformandola da disfunzionale in funzionale, al fine di poter «operare» su di essa. I «problemi» dell'uomo sono il prodotto dell'interazione tra soggetto e realtà, per cui risalire alle origini del problema è spesso fuorviante rispetto al trovare le soluzioni.

Per questo motivo, il lavoro del terapeuta strategico si focalizza *non* su «perché esiste» il problema, ma su «come funziona», e specialmente su «come fare» per risolverlo, guidando la persona a cambiare non solo i propri comportamenti ma anche le proprie modalità percettive e di attribuzione causale. Il tutto passa prioritariamente attraverso il dialogo fra terapeuta e paziente; il primo guida il secondo a scoprire il modo di risolvere i suoi problemi, facendo in modo che li percepisca da prospettive diverse rispetto a quelle patogene.

Il costrutto operativo fondamentale di tale approccio è quello di «tentata soluzione» formulato per la prima volta dal gruppo di ricercatori dell'M.R.I (Mental Research Institute) di Palo Alto (Watzlawick, Weakland, Fisch, 1974; Weakland et al., 1974); le tentate soluzioni sono le reazioni e i comportamenti messi in atto dalle persone per affrontare le difficoltà nel rapporto con se stessi, con gli altri e con il mondo; reazioni e comportamenti che *complicano* piuttosto che risolvere, e che finiscono per irrigidirsi in ridondanti modelli *disfunzionali* d'interazione con la realtà. Il comportamento disfunzionale è la reazione che il soggetto crede migliore per una determinata situazione; così «il problema esiste proprio in virtù di ciò che è stato fatto per tentare di risolverlo».

La *tentata soluzione* disfunzionale sostituita da una soluzione funzionale diviene la chiave per studiare le «trappole» – mentali, emotive, relazionali – in cui l'essere umano incorre, e al contempo per individuare le leve strategiche del cambiamento, «conoscere i problemi mediante la loro soluzione» (Nardone, 1993). Come risuona l'*imperativo estetico* del famoso cibernetico Heinz von Foerster: «Se vuoi vedere, impara ad agire».

Da qui hanno preso le mosse la storia e l'evoluzione del modello di terapia breve strategica nel C.T.S. di Arezzo, che ha visto lo sviluppo di *tecniche* terapeutiche sempre più efficaci ed efficienti messe a punto sotto forma di *protocolli specifici di trattamento* per particolari forme di patologia: disturbi fobici e ossessivi, disordini alimentari ecc... (Nardone, Watzlawick, 1990; Nardone, 1993; Watzlawick, Nardone, 1997; Nardone, Verbitz, Milanese, 1999; Nardone, Cagnoni, 2002; Loriedo, Nardone, Watzlawick, Zeig, 2002; Nardone, 2003N), nonché *formulazioni* specifiche per particolari applicazioni, nelle organizzazioni, nei contesti educativi, nel management (Nardone, Fiorenza, 1995; Nardone, Milanese, Mariotti, Fiorenza, 2000; Nardone, Giannotti, Rocchi, 2001; Škorjanec, 2000).

Crediamo che al lettore sia già apparso chiaro quanto ciò entri in collisione con il concetto tradizionale di psicoterapia, basato sul presupposto che per cambiare l'atteggiamento problematico di una persona si deve prima cambiare il suo modo di pensare. In base a tale presupposto, le varie forme di psicoterapia – cognitive, comportamentali o psicanalitiche – mirano a realizzare il cambiamento della *consapevolezza* dei loro pazienti, in maniera coerente con i rispettivi assunti teorici; ciò implica l'uso del ragionamento e del linguaggio *indicativo*, il linguaggio della descrizione, della spiegazione, del confronto, dell'interpretazione e così via.

Da una prospettiva strategica invece il cambiamento va prima di tutto «agito», e la comunicazione terapeutica diviene il suo veicolo; in sintesi, si tratta di «Fare le cose con le parole» (Austin, 1987).

Ingiunzione, suggestione, artifici e stratagemmi comunicativi, retorica della persuasione sono, in terapia strategica, il principale veicolo di cambiamento, in quanto aggirano i sistemi rappresentazionali della persona facendo sì che essa *costruisca*, senza averne consapevolezza immediata, percezioni, azioni e cognizioni alternative.

Ogni seduta è come una partita a scacchi fra il terapeuta e il paziente, con i suoi problemi, un susseguirsi di mosse tese a produrre effetti specifici. Dopo ogni cambiamento o risultato ottenuto, si procede a una *ridefinizione* del cambiamento stesso e della situazione in evoluzione. Il programma terapeutico si sviluppa strategia dopo strategia sulla base degli obiettivi concordati, e deve essere riorientato sulla base degli effetti osservati.

«Cambiare per conoscere» diviene, quindi, il costrutto operativo dell'intervento strategico, poiché è cambiando le sensazioni e le visioni della persona che la si conduce a «scoprire» nuove e risolutive modalità di percezione e gestione dei problemi e delle difficoltà.

Sulla base di questa logica e grazie a ricerche empiriche e sperimentali, siamo giunti alla messa a punto di forme specifiche di terapia per le differenti patologie, modelli applicati con successo, nell'arco di quindici anni, su migliaia di casi (Watzlawick, Nardone, 1997). Questi protocolli sono composti da una sequenza di manovre terapeutiche studiate *ad hoc* per le differenti e particolari forme di persistenza patologica, attraverso la selezione di stratagemmi capaci di produrre effettivi quanto rapidi cambiamenti terapeutici.

Sin dall'inizio delle nostre ricerche cliniche, la comunicazione e il linguaggio hanno rappresentato il mezzo prioritario attraverso cui applicare gli stratagemmi terapeutici.

Negli ultimi anni, guardando al passato, abbiamo concentrato lo sguardo sulla linea tracciata dall'evoluzione della comunicazione terapeutica all'interno del nostro modello, in sintonia con lo sviluppo di tecniche sempre più avanzate.

Guardando al passato ci siamo resi conto di quale sarebbe stato il futuro. Ci siamo resi conto che il dialogo agito nella prima seduta si era fortemente evoluto, divenendo lo stratagemma attraverso il quale, sin dalle primissime fasi dell'incontro, si rendeva il paziente attivo rispetto alle soluzioni del suo problema.

Ancora una volta, la logica *non ordinaria* ci è venuta in

aiuto, facendo sì che il nostro guardare indietro ci permettesse di vedere avanti. A strategie terapeutiche sempre più efficaci, efficienti e rigorose abbiamo quindi coniugato un dialogo sempre più strategico.

La *prima seduta* non è più «diagnostica» e «preliminare» per l'intervento, ma essa stessa stratagemma terapeutico. L'indagine si è trasformata in intervento.

Le domande, invece di limitarsi a guidare il terapeuta alla comprensione del problema da risolvere, sono divenute il veicolo per indurre il paziente a «sentire» differentemente le cose e dunque a cambiare le sue reazioni, scoprendo le *sue risorse*, che erano bloccate dalle percezioni precedenti, rigide e patogene.

Lo stile della conduzione della prima seduta è stato dunque completamente modificato, a cominciare dalla formulazione dell'indagine del problema da risolvere. Le domande sono state modificate nella loro forma interrogativa. Non sono più *aperte*, del tipo: «Quando lei ha il suo attacco di panico, cosa sente?» ma domande chiuse, in una sorta di illusione di alternative: «Quando lei ha l'attacco di panico sente la paura di morire o la paura di perdere il controllo?»; in tal modo le persone rispondono con una delle due risposte pianificate.

Ovviamente la domanda chiusa è possibile solo perché nei dieci anni precedenti, studiando la sindrome da attacchi di panico in tutte le sue forme e conoscendola attraverso le sue soluzioni, è emerso che questo tipo di patologia si manifesta con delle costanti che si ripetono. E ciò vale per tutti i tipi di patologia.

Questo non è ri-formulare un nuovo modello diagnostico. Tutt'altro, perché in questo caso «si conosce cambiando» e *non* «prima si conosce per poi cambiare». La procedura diagnostica diventa già un intervento, anzi il più importante degli interventi; se infatti io dico a una persona che soffre di attacchi di panico: «Quando lei ha l'attacco, ha paura di perdere il controllo o ha paura di morire?» e, come nella maggioranza dei casi dell'ultimo decennio, la persona mi risponde: «Ho paura di perdere il controllo», ho già ridotto della metà le possibilità di incertezza.

Qualcosa di simile accadeva di fronte al dilemma, già presentato in altri nostri libri, di individuare un quadrato immaginato dall'interlocutore in una scacchiera, attraverso solo sei domande strategiche, riducendo le possibilità di scelta da 64 quadrati a 2, si giunge alla soluzione. Ciò avviene perché ogni domanda strategica riduce significativamente il campo nel quale io sto indagando aprendo nuovi scenari di cambiamento.

Si prenda una scacchiera che, come il lettore saprà, è composta da sessantaquattro quadrati bianchi e neri in alternanza.

Figura 1

Il problema è indovinare a quale dei 64 quadrati io sto pensando in questo momento.

Trovare la risposta giusta sembra piuttosto complicato.

In realtà, basta assumere una prospettiva strategica, utilizzando dunque una logica *non ordinaria* di *problem solving* formulata per il problema e per l'obiettivo da raggiungere.

Si chieda all'interlocutore se il quadrato scelto stia nella metà destra o nella metà sinistra della scacchiera. Dopo tale risposta avremmo ridotto le possibilità della metà. Pertanto, si procederà chiedendo se il quadrato sta nella metà sopra o nella metà sotto della parte selezionata, e così avremo ridotto le possibilità a un quarto. Si procederà chiedendo se il quadrato sta nella metà sinistra o destra della parte della scacchiera rimasta, e così avremo ridotto a 8 le possibilità. Rispetto alla parte rimanente, chiederemo poi se il quadrato prescelto sta nella metà sopra o nella metà sotto, e così siamo giunti a solo 4 possibilità. Si procede chiedendo ancora se il quadrato prescelto sta nella metà destra o sinistra della scacchiera e così siamo giunti a sole 2 possibilità; infine si chiederà se il quadrato prescelto è quello sopra o quello sotto.

Il risultato sarà che abbiamo ottenuto la risposta con solo 6 domande, poiché abbiamo utilizzato uno stratagemma logico che a posteriori appare decisamente semplice. (vedi figura 2, 3, 4, 5, 6, 7)

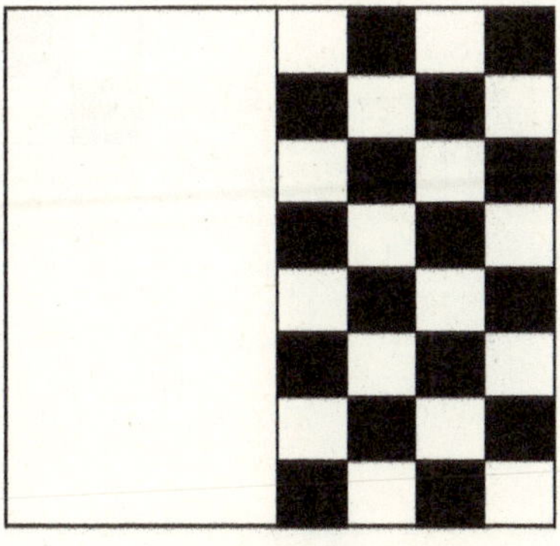

Figura 2

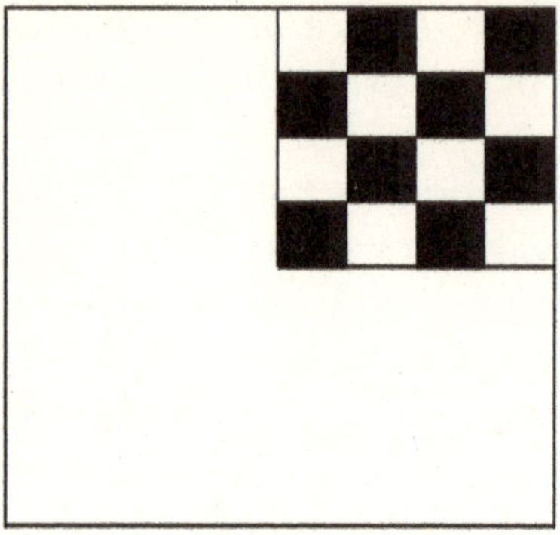

Figura 3

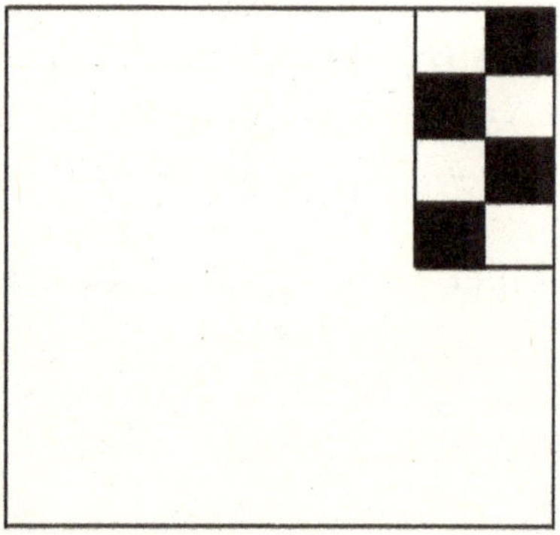

Figura 4

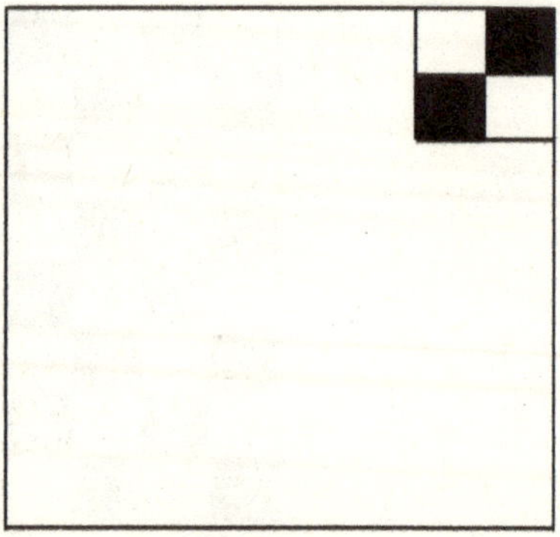

Figura 5

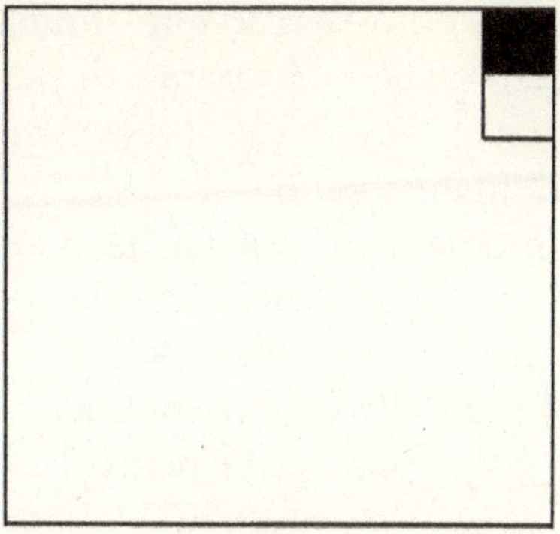

Figura 6

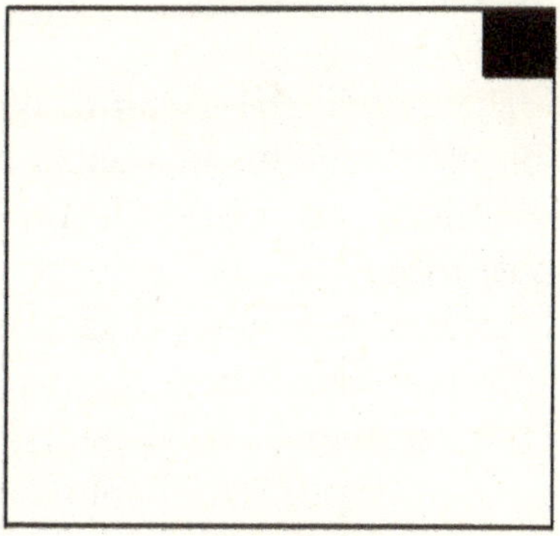

Figura 7

È come un imbuto che si stringe, che guida fino alla conoscenza del problema. Una conoscenza cui giungono insieme terapeuta e paziente: per questo lo definiamo «dialogo», una *scoperta* a cui si giunge in due.

Procedendo così, la terapia diventa un processo di «scoperta» all'interno del quale paziente e terapeuta, attraverso una serie di *domande*, una serie di *risposte* e una serie di *parafrasi strategiche*, insieme arrivano a conoscere il problema nel suo funzionamento e a cambiarne la percezione.

Torniamo all'esempio precedente. Immaginiamo che la risposta del paziente sia: «Ho paura di perdere il controllo».

La seconda domanda sarà:

«Ma questi momenti in cui lei ha paura di perdere il controllo accadono in situazioni che lei può prevedere o sono assolutamente imprevedibili?»

La persona il più delle volte risponde:

«Mah... non so! ...però se ci penso bene, solo in certe situazioni».

E allora si ripete:

«E lei può prevedere queste situazioni?»

Il paziente dice:

«Sì, ora che ci penso sì. Ad esempio quando mi allontano da solo... oppure se sono in mezzo alla folla... o se sono in un luogo chiuso... o se sono in un luogo alto...» a seconda del tipo di fobia.

Proviamo ad analizzare adesso cosa abbiamo ottenuto con due domande: abbiamo ottenuto una conoscenza già corposa, poiché ora sappiamo che la persona non ha paura di morire ma ha paura di perdere il controllo, e che questo avviene in situazioni che può prevedere. Questa è la comprensione da parte del terapeuta: il paziente, invece, inizia ad avere una chiara mappa del suo problema, con coordinate precise e comincia a pensare che, in realtà, non ha paura di morire – già lo sapeva, ma adesso lo ha focalizzato – e che tale fobia sovviene solo in situazioni prevedibili.

Per procedere oltre, a questo punto della seduta, è utile fare un passo indietro che ci permetterà poi, con un salto, di farne due avanti. A questo scopo è importante che il terapeuta usi una parafrasi che confermi che andiamo nella giusta direzione, e che ancori la percezione del paziente alla nuova prospettiva rispetto al funzionamento del suo disturbo.

E allora diciamo:

«Mi corregga se sbaglio» assumendo una posizione dimessa «lei mi sta dicendo che soffre di attacchi di panico, che corrispondono alla paura di perdere il controllo, e che questo avviene in situazioni che lei può prevedere».

La persona risponde:

«Sì, proprio così».

È come se una sorta di grande strada si restringesse, eliminando le corsie laterali sino a giungere a una sola: quella del cambiamento.

Non stiamo solo procedendo con una logica stringente verso la soluzione, stiamo anche realizzando un'altra cosa importante: dicendo «mi corregga se sbaglio», si fa sentire al paziente che è lui a guidare il processo del dialogo di scoperta. In tal modo lui si sentirà non squalificato, anzi, gratificato. Non è di fronte al dottore che gli dice «'Faccia questo, questo e questo» e nemmeno a uno che sentenzia «Tu sei un malato di panico»; si sente capito ed emotivamente rinvigorito, riconosciuto.

Si costruisce così una relazione positiva che amplifica la collaboratività e l'aspettativa del soggetto rispetto alla terapia. Inoltre, egli comincia ad avere una conoscenza non delle cause del problema, ma di come lo gestisce e come il problema funziona.

Procedendo con le domande strategiche, il terzo quesito idoneo a questo caso è:

«Queste situazioni prevedibili, lei tende a evitarle o ad affrontarle?»

La domanda serve a capire se il soggetto è tendenzialmente una persona che evita la paura o che vi cede dopo averla fronteggiata con insuccesso. Le due risposte aprono scenari differenti e richiedono strategie diverse nell'evoluzione del dialogo.

Immaginiamo che la persona risponda:

«Evito le situazioni».

Allora la domanda successiva sarà:

«Ma se proprio non le può evitare, cosa fa: chiede aiuto a qualcuno o le affronta da solo?»

Di solito la persona in questo caso risponde:

«Chiedo aiuto».

Questa è una domanda molto importante, perché individua se la persona è dipendente da altri o se cerca di cavarsela con le proprie forze, e questo orienta in modo completamente differente il successivo evolversi del trattamento: nel primo caso ci si focalizza più sul rompere la dipendenza e far scoprire alla persona le proprie risorse, mentre nell'altro si mira a far disinnescare la trappola che si autocostruisce. Grazie a questa risposta abbiamo aggiunto un'altra fetta di conoscenza strategica: o la persona evita le situazioni minacciose, o chiede aiuto per affrontarle. A questo punto si richiede una nuova parafrasi di conferma e ridefinizione:

«Mi corregga se sbaglio: quindi lei è una persona che soffre di attacchi di panico, che possono avvenire in situazioni che lei può prevedere, e lei tende ad evitare queste situazioni. Se proprio non può evitarle ha bisogno di un accompagnatore pronto a intervenire nel caso in cui lei stia male».

«Proprio così!» risponde il paziente.

Il lettore ci conceda di analizzare queste quattro domande, le risposte indotte e le due parafrasi nella loro sequenza, come forma di strategia terapeutica.

Grazie a queste manovre, abbiamo a disposizione già molta conoscenza operativa sul funzionamento del problema; al tempo stesso, l'attenzione del paziente viene focalizzata su tale funzionamento e su come egli tenti di gestirlo: emerge in modo evidente che le soluzioni da lui adottate sono disfunzionali.

Inoltre, la persona si sente capita e ha l'impressione di avere di fronte un interlocutore competente, perché gli fa delle domande così cruciali. Questo va a incrementare sia la sua aspettativa terapeutica, sia la relazione tra terapeuta e paziente: a quanto ci dicono i ricercatori (Hubble, Duncan, Miller, 1999) ciò rappresenta oltre il 70% di ciò che provoca cambiamento.

Se a questo dato si unisce l'apertura di nuove prospettive che fanno percepire come possibili delle soluzioni, il gradiente terapeutico risulta ulteriormente incentivato.

Realizzato quanto descritto, nella situazione citata si procede con altre domande strategiche e parafrasi ristrutturanti:

«Del suo problema lei tende a parlarne molto, o tiene tutto per sé?»

Immaginiamo che la persona dica:

«Ne parlo con tutti».

Da un punto di vista strategico il quadro è già molto chiaro: abbiamo a disposizione quanto ci serve per iniziare la fase più attiva. Possiamo cominciare a guidare indirettamente il paziente verso il cambiamento: il nostro modo di procedere nel domandare deve essere come lanciare una palla di neve, perché rotoli fino a diventare una valanga.

Con tale obiettivo in mente si dovrà chiedere:

«E quando ne parla lei sta meglio o sta peggio?»

E il paziente:

«Sto meglio, perché mi scarico».

Allora chiederemo:

«Mi ha detto che quando ne parla si sente meglio, perché si scarica. Ma dopo qualche tempo sta meglio o sta peggio?»

Di solito la persona ti guarda e risponde:

«Ora che ci penso, dopo mi sento ancora più frustrato».

Allora la parafrasi sarà:

«Quindi, se non ho capito male, lei ne parla molto, e quando ne parla sta bene perché si sente scaricato; ma dopo si sente ancora più frustrato, perché ha percepito ancora di più quanto è forte la sua incapacità».

La persona, inchiodata alla nuova prospettiva, di solito replica:

«Sì, proprio così».

Stiamo cominciando a cambiare la sua percezione e le sue emozioni rispetto alle tentate soluzioni: una cosa che dapprima sembra far star bene, finirà per fare molto più male.

Si procede allora con un'altra domanda:

«E quando lei chiede aiuto a qualcuno per affrontare qualcosa, e questa persona le offre il suo aiuto, lei sta meglio o sta peggio?»

La persona di solito risponde:

«Meglio...! Sì, però dopo... sto peggio, perché mi sento ancora più incapace».

«Ah. Mi corregga se sbaglio: quindi quando lei chiede aiuto e lo riceve, lei lì per lì sta bene perché si sente salvo, ma poi si sente ancora più incapace, perché ricevere aiuto da qualcuno disponibile è la conferma che lei da solo non è in grado di cavarsela, e questo la fa sentire sempre peggio».

La persona replica ancora una volta:

«Sì, proprio così».

Di nuovo stiamo introducendo un elemento di cambiamento, con domande e parafrasi abbiamo fatto *sentire*, non *capire*.

Sentire che quando se ne parla o si chiede aiuto la situazione peggiora, significa che la paura da limite diventa risorsa. Ciò che impediva il cambiamento diventa la forza propulsiva per cambiare. Infatti la paura maggiore, quella del peggioramento, indurrà ad azzerare la paura minore, quella che induce a chiedere aiuto.

Dal nostro punto di vista è decisamente importante la differenza tra «sentire» e «capire». È un'antica illusione degli esseri umani pensare che se si capisce una cosa si potrà cambiarla; ogni giorno questa illusione viene smentita. Tutti abbiamo provato la frustrazione di voler lasciare qualcuno, ma di non riuscire. Abbiamo capito che non è la persona giusta, che tanto ci dà, tanto ci toglie; vogliamo rompere, ma sentiamo di essere troppo legati e non possiamo farlo. Esiste prova migliore della differenza tra sentire e capire?

In un'ottica strategica la terapia è far *sentire* differentemente, non far capire differentemente. Cambiare la *percezione* delle cose, non cambiarne la comprensione, perché se io cambio la percezione cambio la reazione emotiva, cambio la reazione comportamentale, e come effetto finale cambio la comprensione. La stragrande maggioranza delle psicoterapie lavorano invece sul cambiamento della comprensione, oppure del comportamento, delle emozioni. In realtà, ciò che avvia ogni processo è il nostro sentire, il nostro percepire; tutto il resto viene dopo.

Tornando al nostro paziente, attraverso la domanda e la parafrasi egli sente differentemente, e sente che ogniqualvolta chiede aiuto e lo riceve, che ogniqualvolta ne parla e viene ascoltato, la situazione peggiora anche se lì per lì si sente meglio. Questo ci permette di chiedergli qualcosa che altrimenti sarebbe impossibile chiedere, e può accettarlo perché ha capito che ciò lo aiuterà; perché ha sentito, e poi capito.

È passato per un processo di «scoperta» insieme al terapeuta. Una scoperta che però è stato lui a guidare, perché è lui che ha dato le risposte alle domande: non è stato forzato, ma indotto. Il terapeuta ha solo confermato, para-

le sue risposte, e ha costruito il processo attra-
nde precise.

›sì guidare, già nella prima seduta, il paziente a
..ove percezioni che determineranno reazioni nuove nei confronti del suo problema. Così facendo introduciamo una reazione a catena di cambiamenti. Conosciamo cambiando.

Giunti a questo punto della seduta, per rafforzare gli effetti di quanto raggiunto si mette in atto una manovra tesa a riconoscere la necessità e l'inevitabilità del cambiamento.

«Mi permetta di riassumere tutto quello che abbiamo detto, e se sbaglio qualcosa mi corregga. Lei è una persona che soffre di attacchi di panico, in situazioni che lei può prevedere e che tende a evitare. Se non può evitarle chiede aiuto e ne parla molto. Quando ne parla, dapprima si sente meglio ma poi sente che le cose vanno peggio, perché se l'ascoltano vuol dire che c'è qualcosa che non va in lei. Così come quando chiede aiuto per affrontare qualcosa che non può evitare lì per lì si sente salvo, ma dopo si sente ancora più incapace, perché se l'altro l'ha aiutata significa che lei da solo non è in grado».

La persona conferma:

«Sì, proprio così!»

«Sa, quanto abbiamo detto fin qui mi ricorda qualcosa che ha scritto un famoso poeta, Fernando Pessoa, il quale scrive: 'Porto addosso tutte le ferite delle battaglie che ho evitato', e – io aggiungo – le ferite delle battaglie evitate non guariscono mai».

Questo aforisma è come una lama rovente che entra nella persona.

La forma dell'aforisma, dal nostro punto di vista, è la più potente forma di comunicazione letteraria, perché è immediatamente *evocativa*: fa sentire le cose, non le spiega, e non richiede nessun impegno perché entra dentro di te da sola. Il paziente in quel momento di solito ha le pupille dilatate, ti guarda come un gatto di fronte ai fari di un auto. L'aforisma rimane dentro la sua mente come un marchio a fuoco.

Cosa abbiamo fatto fino qui? Alcune domande, alcune parafrasi, un aforisma. Attraverso questo apparente «poco» abbiamo ottenuto realmente «tanto», poiché abbiamo introdotto un cambiamento radicale nella percezione del paziente. Adesso la persona ha la percezione chiara, sentita, che alcune cose che faceva per salvarsi dalla paura la mantengono, e addirittura la fanno peggiorare. È bene sottolineare: non gli abbiamo «spiegato» che le sue tentate soluzioni fanno peggiorare il problema oltre che mantenerlo, glielo abbiamo fatto «sentire», e questa è una *esperienza emozionale correttiva*, la visione di una nuova realtà attraverso un processo di scoperta che il paziente pensa di aver guidato in prima persona. Non è stato forzato, ed è noto che «se una persona si persuade da sola si persuade prima e meglio»: questo già lo affermava Blaise Pascal, uno dei più grandi persuasori della storia.

Dunque, attraverso le manovre terapeutiche descritte, la persona scopre che le sue tentate soluzioni sono qualcosa che fa peggiorare il suo stato. In altri termini, abbiamo creato una ristrutturazione attraverso un processo di scoperta realizzato mediante un dialogo strategico, quello che il mio caro maestro-amico Paul Watzlawick chiamerebbe un «evento casuale pianificato». Perché per il terapeuta questo è pianificato, ma per il paziente è una scoperta, e siccome la scopre lui, la sente come sua personale, spontanea evoluzione. In tal modo la «resistenza al cambiamento» viene azzerata, poiché esso non viene sentito come una forzatura dall'esterno ma una naturale inclinazione dall'interno, frutto di una scoperta che ha fatto cambiare prospettiva.

A questo punto, grazie a quanto avvenuto durante la seduta il paziente sarà molto disponibile ad accettare suggerimenti o addirittura prescrizioni dirette da mettere in atto. Così, prescrivere modalità differenti di comportamento diviene una realizzazione congiunta di terapeuta e paziente. La «direttività» si trasforma in «collaborazione». Adesso il paziente sarà molto disponibile ad accettarle, e in questo caso per esempio potremmo dire:

«Molto bene... Io vorrei che da ora a quando ci rivediamo lei pensasse a quello di cui abbiamo discusso insieme: al fatto che ogniqualvolta lei parla del suo problema fa peggiorare il suo problema; vorrei che lei pensasse che ogniqualvolta chiede aiuto e lo riceve fa peggiorare il problema anche se lì per lì sta meglio, così come ogniqualvolta evita di fare qualcosa – come Pessoa – finisce per portarsi addosso le ferite delle battaglie evitate. Ma io non posso chiederle di smettere di fare queste cose, perché lei non è in grado di farlo...»

Questo è uno «stratagemma prescrittivo»: prima si evoca il timore di fare qualcosa, poi si dice «... però tu non sei in grado di non farla...»; una piccola provocazione paradossale, dopo aver messo contro la paura stessa una paura ancora più grande, quella di peggiorare.

«Quindi io non posso chiederle di smettere di 'evitare' e di smettere di 'chiedere aiuto', perché lei non è in grado, però... pensi che ogniqualvolta lo fa, non solo mantiene il problema ma lo fa peggiorare. Posso chiederle però di evitare di 'parlarne', perché questo è più facile...»

Una manovra comunicativa, questa, che rafforza l'effetto della precedente ristrutturazione e che, indirettamente, prescrive un freno al «socializzare» il problema; indicazione proposta come facile da realizzare in confronto alle altre due, dichiarate quasi impossibili per la persona. Il lettore noterà che anche questa è una variante della tecnica dell'illusione d'alternative.

Si procede infine a somministrare l'unica prescrizione diretta che però, come vedremo, è un ulteriore «stratagemma terapeutico».

«... Le ho preparato un semplice schema con varie colonne, che lei dovrà trascrivere su un taccuino che porterà sempre con sé, un vero e proprio 'diario di bordo'. Da ora a quando ci rivedremo, ogniqualvolta le capiterà di stare male, di avere uno dei suoi momenti critici... in quel momento, ovunque lei sia, chiunque ci sia, lei tira fuori il taccuino e annota. Però è importante che lei annoti esattamente nel momento stesso in cui le capita, né un momento prima – perché altrimenti ci racconta le sue fantasie – né un momento dopo – altrimenti ci racconta i suoi ricordi. Abbiamo bisogno proprio di avere una sorta di fotografia istantanea del suo problema. Questo ci servirà a capire come funziona esattamente e quali specifiche strategie sono indicate per lei...»

Si dà così al paziente uno schema, il «diario di bordo»: un apparente monitoraggio diagnostico degli episodi di panico, in realtà tecnica dello *spostamento del sintomo*, quello che nell'arte dello stratagemma è il primo stratagemma: «Solcare il mare all'insaputa del cielo». Scrivendo, tutta l'attenzione della persona è dirottata dall'ascolto di se stessa all'esecuzione del compito, così ciò che potrebbe apparire un concentrarsi di più sul sintomo serve in realtà a farlo defluire.

Di solito, le persone tornano in seconda seduta senza aver più avuto un attacco di panico o, se lo hanno avuto, l'annotare è servito a interromperne l'escalation; ma la cosa più interessante è che di solito hanno cessato di parlare del problema e di chiedere aiuto, per la paura di stare peggio. Questo significa, per una persona affetta da crisi di panico, trovarsi dopo tanto tempo nella condizione di affrontare da sola cose che prima evitava di fare per paura, scoprendo così delle risorse che prima pensava di non avere. Non c'è niente di più entusiasmante per uno che è stato bloccato per tanto tempo dalla paura dello scoprire che può fare delle cose senza paura, e che le realtà che precedentemente lo terrorizzavano adesso non lo terrorizzano più, al contrario: può affrontarle tranquillamente.

La struttura del dialogo strategico è teoricamente complessa ma, nella sua esplicitazione pratica, decisamente molto semplice; deve esserlo, altrimenti non è efficace.

Grazie a questo modo di condurre la prima seduta, negli ultimi quattro anni il tasso di persone che hanno ridotto a zero il loro disturbo tra la prima e la seconda seduta equivale al 69-70% dei casi, e questo riguarda la maggioranza delle forme di psicopatologia.

L'esempio utilizzato, infatti, è solo una delle tante possibilità applicative di questa tecnica innovativa. Negli ultimi anni, attraverso una laboriosa ricerca empirica, per ogni tipo di patologia abbiamo messo a punto una serie di domande strategiche e parafrasi specifiche che permettono risultati come quelli esposti. Il dialogo strategico, tuttavia, non è un'intervista rigidamente strutturata: può essere continuamente corretto poiché ogni due o tre domande, attraverso la parafrasi, la persona ci mostra se andiamo bene o no. Quindi è un processo di scoperta *autocorrettivo*. Si può correggere l'errore prima di averlo commesso e aver combinato un guaio irreparabile, e questo può essere di grande aiuto sia per il paziente, che non corre rischi, sia per il terapeuta, che ha costantemente la misura di dove sta andando.

La spiegazione – e, come diceva Wittgenstein: «ogni spiegazione è un'ipotesi» – di questo strumento così potente, anche se così sottile e apparentemente semplice, è che – come suggerito da Saulo Sirigatti, insigne studioso di psicologia – in questa maniera si lavora contemporaneamente su tanti livelli. Si lavora sulla percezione del problema del paziente, si lavora sulla sua relazione emotiva con il terapeuta, e sulla sua aspettativa, incrementando tutti gli effetti successivi, senza far sentire il paziente manipolato, perché è lui che guida, è lui che dà le risposte; al tempo stesso si cambiano i suoi comportamenti, le sue tentate soluzioni.

Quindi si lavora contemporaneamente sul livello percettivo, sul livello emotivo e sul livello comportamentale e, come effetto finale, avverrà anche il cambiamento delle cognizioni: solo dopo che la patologia è stata sbloccata.

In questo caso si rovescia la processualità usuale per tutte le psicoterapie, perché prima si ottiene il cambiamento e poi la consapevolezza, mentre nella maggioranza delle terapie si cerca prima la consapevolezza per ottenere il cambiamento.

È chiaro che questa è una terapia molto indebitata con l'arte dello stratagemma (Nardone, 2003C), poiché anche la sua processualità è in realtà una strategia. Per dirla con le parole di Lao Tse: «La flessibilità trionfa sulla rigidità, la debolezza sulla forza. Ciò che è malleabile è sempre superiore a ciò che è inamovibile. Questo è il principio secondo cui il controllo delle cose si ottiene collaborando con esse, la supremazia tramite l'adattabilità».

Capitolo 2

La struttura del dialogo strategico

> Molte parole non sono mai indizio di molta sapienza.
>
> *Talete*

1. *Le domande a illusione di alternative*

«La maggioranza dei problemi non deriva dalle risposte che ci diamo ma dalle domande che ci poniamo».

Con questa sentenza si potrebbe riassumere gran parte della *Critica della Ragion Pratica* di Immanuel Kant. Ovvero, l'idea che sono le domande a creare le risposte piuttosto che le ipotesi a indurre domande. Da questa prospettiva, Kant e buona parte dell'epistemologia moderna si sono occupati di come costruire correttamente le domande a cui dare delle risposte. Basti pensare al monito di Einstein: «Sono le nostre teorie che determinano le nostre osservazioni».

Questo approccio razionalista, se ha ben evidenziato l'importanza fondamentale per l'ambito scientifico dell'interdipendenza tra domande e risposte nella prassi di ricerca empirico-sperimentale e nella formulazione delle ipotesi da sottoporre a verifica, si è occupato ben poco degli effetti suggestivi, evocativi e persuasori del dialogo. In altri termini, la rigorosa analisi scientifica si è dimenticata la *retorica*, sottovalutando il peso che questa ha esercitato persino nella storia della scienza.

Ogni grande scienziato ha avuto infatti bisogno della retorica per far accettare le sue nuove teorie e aggirare la resistenza al cambiamento dei suoi contemporanei, legati alle posizioni preesistenti (Nardone, Domenella, 1994).

Abbiamo già notato che il potere del far domande che generano risposte è un'arte conosciuta sin dall'antichità: Protagora ne è stato il primo grande sistematizzatore e la definì «arte eristica». Questa prevedeva un processo di domande che guidavano l'interlocutore a rispondere cadendo in contraddizione con le sue assunzioni precedenti, giungendo così a cambiarle per sua personale scoperta.

William James affermava che il genio altro non era che «la capacità di percepire le cose da prospettive non ordinarie». Come l'inventore geniale, che si pone domande particolari per trovare nuove prospettive e arriva a scoperte innovative, allo stesso modo ognuno di noi, sottoposto a domande particolari rispetto ai propri problemi, può giungere a scoprire nuove modalità di soluzione.

Rispondendo a domande che lo inducono ad assumere prospettive nuove, il paziente potrà, come l'inventore, scoprire nuove ed efficaci soluzioni sino a quel momento invisibili.

Così facendo, si influenza dolcemente il nostro interlocutore piuttosto che cercare di forzare le sue vedute (Loriedo, 2002).

Rispondendo a domande strategiche, ossia interrogativi mirati a fornire alternative in direzione dell'obiettivo persuasorio, il paziente si inoltra spontaneamente in terreni differenti da quelli a lui già noti. Scoprendo in tal modo, apparentemente in maniera del tutto personale, nuove possibilità di percezione delle cose da fare proprie.

Cartesio insegna che ognuno deve fare le sue scoperte,

> perché nessuno può capire bene qualcosa e farla propria quando l'abbia appresa da un altro, rispetto a quando l'abbia appresa da sé.

Tuttavia, l'esempio più straordinario del potere persuasorio del porre domande strategiche in sequenza per condurre l'interlocutore a persuadersi spontaneamente attraverso le sue risposte è senza dubbio la *Summa theologiae* di Tommaso d'Aquino. In quest'opera il santo dialoga con il suo lettore attraverso più di cento domande, guidandolo così alle risposte desiderate. Ad esempio, alla domanda: «La sacra dottrina è una Scienza?» seguono obiezioni, a loro volta seguite dalla loro stessa confutazione. Un processo dialogico rigoroso che parte da Dio, passa dall'ordine della Creazione, per giungere sino al complesso della dottrina cristiana: domande e risposte che conducono alla risposta prestabilita come obiettivo della dissertazione. Il lettore, come affermerebbe un saggio stratega dell'antica Cina, viene fatto «salire in soffitta per poi togliergli la scala».

La straordinaria forza persuasoria di questo metodo risiede nel suo essere apparentemente il contrario, poiché non prescrive, ma suggerisce *nuove prospettive*.

Il passaggio è dalla manipolazione diretta all'induzione indiretta di autoinganni strategici. E se al potere dell'argomentare mediante domande si aggiunge il costruire questi autoinganni, utilizzando una tecnica suggestiva oltre che persuasoria, l'effetto sarà ancora più portentoso. Nel nostro caso, siccome l'obiettivo è condurre i pazienti ad uscire dalla loro trappola mentale, le domande diventano, se ben costruite e abbastanza suggestive, reali strumenti terapeutici, in quanto inducono nel soggetto, intrappolato nelle sue percezioni patogene e nelle sue reazioni patologiche, nuove modalità di sentire e reagire nei confronti delle proprie realtà.

Nella terapia, le domande strategiche permettono al paziente di sostituire i propri autoinganni disfunzionali con autoinganni funzionali: poiché egli trasformerà, indotto dalle proprie risposte, la sua modalità di gestire e percepire le cose.

Per rendere ancora più efficace lo strumento terapeutico siamo ricorsi a una ben nota tecnica comunicativa suggestiva: l'*illusione di alternative.*

Questa tecnica, illustrata da Milton Erickson come efficace strumento comunicativo per ingiungere le prescrizioni terapeutiche, da applicare nei casi in cui si prevede una decisa resistenza da parte del paziente a seguire le indicazioni del terapeuta, è una delle più eleganti forme di ingiunzione (Watzlawick, 1980L; Nardone, Watzlawick, 1990; Loriedo, 2002).

Tuttavia, nel caso del dialogo strategico l'illusione di alternative viene utilizzata non per prescrivere azioni, ma per indurre risposte alle domande strategiche. In altri termini, la domanda è strutturata con due opposte possibilità di risposta e l'interlocutore potrà «decidere» quale delle due si adatti al suo caso. L'arte persuasoria sta nel procedere con una serie di domande che, come un imbuto, fanno confluire il soggetto, attraverso le sue risposte, al punto di svolta rispetto alle sue precedenti asserzioni. Il tutto in modo tale che egli giunga a sentire l'esigenza di cambiarle, grazie alle nuove percezioni scoperte all'interno del dialogo, e a sostituirle con le nuove.

Pertanto le domande strategiche a illusione di alternative muovono da interrogativi dapprima più generali per poi, con un processo a spirale, stringersi, sulla base delle risposte, strutturandosi attorno ai particolari delle situazioni ed evidenziandone i potenziali punti critici. Come indica Françoise Julien nel suo *Trattato dell'efficacia*, si tratta di evocare il potenziale d'azione della situazione attraverso la circostanza costruita *ad hoc* per mobilitarne le risorse.

Ciò significa che sia la sequenza, sia le domande non dettano un programma rigido e prestabilito, ma si adattano, come un abito cucito su misura, alla logica dell'interlocutore.

Sulla base di questa logica e delle conseguenti assunzioni si costruiscono le specifiche domande e le alternative di risposta, le quali devono condurre alla messa in crisi della percezione che il soggetto ha delle cose, per poi riorientarlo verso direzioni più funzionali.

Il processo è una sorta di «danza» interattiva tra domande che creano le risposte e risposte che permettono di costruire le successive domande strategiche, sino al punto in cui l'interlocutore dichiara di aver cambiato la sua posizione grazie a ciò che ha scoperto attraverso il dialogo.

Tuttavia è necessario chiarire che le domande a illusione di alternative, per essere reali strumenti terapeutici e veicoli di scoperta, devono focalizzarsi sugli aspetti di percezione e reazione del soggetto nei confronti del suo problema. Ci si deve focalizzare sulla concreta interazione tra la persona e la realtà problematica, sui suoi tentativi fallimentari di gestirla e sulle visioni che l'alimentano. Già Pitagora, oltre 2500 anni fa, ammoniva:

> Ricordati che gli uomini sono essi stessi artefici delle proprie disgrazie.

Le domande, di conseguenza, propongono come alternative di risposta coppie di opposte reazioni al problema, come ad esempio:

«Lei pensa che il suo problema sia unico e irripetibile o che faccia parte di una classe di problemi?»

«Di fronte a situazioni problematiche, lei cerca di allontanarsene o le affronta direttamente?»

«Lei affronta il suo problema da solo o con l'aiuto di qualcuno?»

Le alternative di risposta si riferiscono alle possibili percezioni e modalità di combattere il problema del soggetto, offrendo così un'immagine operativa di come ognuno costruisce quello che poi subisce.

In altri termini il processo di domande strategiche deve, con la sua sequenza a imbuto, condurre l'interlocutore a scoprire in quale maniera egli sia artefice del suo destino, evidenziando «come» egli stesso alimenti il suo problema con tentativi di soluzione disfunzionali basati su percezioni erronee. Tale processo di scoperta indotta produce nel soggetto un reale «saltus» percettivo (Thom, 1990), poiché cortocircuita il suo circolo vizioso di percezioni e reazioni, evidenziandone la disfunzionalità.

Questo cambiamento di prospettiva ha un impatto emotivo paragonabile a un'*illuminazione*, nel senso buddhista del termine. Le persone spesso reagiscono con un totale sbalordimento scoprendo che quanto avevano pensato e fatto fino a quel momento per combattere il problema fosse proprio ciò che lo manteneva. Ciò rappresenta una vera e propria «esperienza emozionale correttiva», sulla base della quale il soggetto non può che cambiare i suoi precedenti copioni mentali e comportamentali. Le indicazioni per la concreta realizzazione del cambiamento troveranno la strada spianata da qualunque resistenza. Come dovrebbe apparire chiaro da quanto esposto sin qui, la tecnica delle domande strategiche a illusione di alternative è orientata a scardinare, attraverso una sequenza a imbuto, le modalità percettive patogene del paziente e le conseguenti reazioni comportamentali, guidandolo a cambiarle con altre più elastiche ed efficaci. Il passaggio è da soluzioni che non funzionano e alimentano il problema, a soluzioni che funzionano. Tale sostituzione, però, non viene suggerita o prescritta, ma indotta attraverso un percorso di domande che guidano alla scoperta di ciò che risolve il problema, dopo lo svelamento di ciò che invece lo mantiene.

Questo è il motivo per cui il cambiamento ottenuto non è solo un superficiale modellamento o tentativo di controllo delle reazioni del soggetto, ma una radicale alterazione delle sue percezioni e attribuzioni causali. Con le parole di Marcel Proust: «Il vero viaggio di scoperta non è vedere nuovi mondi ma cambiare occhi».

2. *Le parafrasi ristrutturanti*

«Le stesse parole in sequenza diversa daranno risultati differenti». Questa affermazione di Blaise Pascal ci introduce con fulminante chiarezza al tema di questo paragrafo.

La seconda componente del dialogo strategico è la *parafrasi ristrutturante.*

Così si designa la manovra che segue una sequenza di due o tre domande: si utilizzano le risposte per formulare una definizione del problema che ne verifichi la corretta comprensione.

Non viene proposta alcuna valutazione o interpretazione, bensì, con fare dimesso, viene chiesta una verifica del proprio processo di comprensione del funzionamento del problema. Ad esempio:

«Mi corregga se sbaglio: stando a quanto lei ha affermato, sembrerebbe che...»

Lo specialista sveste i panni dell'esperto e chiede all'interlocutore in cerca di aiuto la verifica delle sue formulazioni in merito al problema presentato. Così facendo, egli rovescia l'usuale relazione tra l'esperto e chi chiede aiuto. Il paziente è colui che guida la conversazione ed è il vero esperto del problema, proprio perché è il suo.

Parafrasando in tal modo le due o tre risposte alle precedenti domande strategiche si dà al soggetto la sensazione di essere rispettato e non forzato, e considerato piuttosto che squalificato, poiché l'esperto al quale si è rivolto gli chiede conferma della valutazione, invece di proporgli sentenze.

Questo crea un clima di relazione collaborativa fra i due, aggirando eventuali resistenze e incomprensioni, e ciò rappresenta già una componente terapeutica del dialogo. La persona si sente non solo accettata, ma messa nella posizione di primo artefice del processo di indagine del proprio problema. Peraltro, nel dialogo strategico, a differenza di altre forme di indagine strutturata, il parafrasare le risposte a domande che abbiano messo in luce i tentativi fallimentari – addirittura controproducenti – di gestire il problema orienta inevitabilmente l'attenzione dell'interlocutore su tale circolo vizioso patogeno, mettendolo in tal modo nella posizione di «*sentire* l'esigenza» di cambiare ciò che per la prima volta risulta alimentare, piuttosto che ridurre, il suo problema. Ancora una volta Pascal ci aiuta a comprendere il processo di persuasione:

> Quando si vuol rimproverare con utilità, e mostrare a un altro che egli s'inganna, bisogna osservare da qual verso egli considera la cosa, perché generalmente da quel verso lì essa è giusta, e riconoscergli questa verità, ma svelargli quell'altro verso da cui essa è falsa. Ed egli si contenta di ciò, perché vede che non s'ingannava e che il suo difetto era soltanto di non veder tutti i lati della questione. Già, non si cruccia di non veder tutto, ma non si vuole ammettere di essersi ingannati; e forse ciò deriva dal fatto che naturalmente l'uomo non può veder tutto e che naturalmente non può ingannarsi in quel lato ch'egli considera particolarmente (Pascal, *Pensieri*, 9).

In maniera sottile, la parafrasi delle risposte alle domande strategiche apre al soggetto nuove prospettive sino ad allora per lui incomprensibili, perché era intrappolato nei suoi rigidi copioni percettivi, e gli mostra la disfunzionalità di questi ultimi. Questa esperienza concreta di *correttiva scoperta* indurrà a un cambiamento inevitabile nelle sue reazioni rispetto alle situazioni problematiche.

La richiesta di conferma da parte dell'esperto non è solo una verifica della correttezza diagnostica, bensì è essa stessa induzione di cambiamento, cambiamento di ciò che da qui in avanti verrà sentito come pericoloso piuttosto che di aiuto.

Infatti, dare conferma al terapeuta strategico che indaga è per il paziente come aiutare un compagno di viaggio a non sbagliare direzione nel percorso di conoscenza. Ma inconsapevolmente il paziente sta anche sposando la parafrasi che gli viene proposta, e la fa propria al punto da attivare una sorta di autopersuasione. Rispondere a qualcuno che ci chiede conferma delle sue asserzioni – «Sì... le cose funzionano proprio come lei dice...» – non solo dà conferma al mio interlocutore, ma persuade anche me stesso della correttezza di tale visione. Ancora una volta è come una scoperta fatta in prima persona, in quanto effetto delle mie stesse risposte che l'interlocutore, apparentemente «non esperto», mi restituisce riordinate con la richiesta di conferma. Se, al contrario, il paziente non manifesta accordo sulla parafrasi che ordina in sequenza ristrutturante le sue risposte alle domande di illusione di alternative, ciò indica che si è fuori strada e che, pertanto, si deve correggere il tiro.

Quindi, parafrasare strategicamente può indurre il cambiamento nell'interlocutore o indurre a cambiare direzione nell'indagine. In altri termini, o è correttivo per chi chiede aiuto, o lo è per chi sta cercando di aiutare; il quale può riorientare le sue motivazioni, sino a trovare l'assenso dell'interlocutore alle sue parafrasi.

A questo punto appare chiara l'interdipendenza tra la

sequenza di domande a illusione di alternative, focalizzate sulle tentate soluzioni disfunzionali, e la parafrasi che, chiedendo apparentemente solo conferma delle asserzioni, induce a ristrutturare la percezione e la reazione nei confronti del problema.

Il tutto avviene dolcemente, senza nessuna forzatura, in quanto il processo appare come una scoperta guidata da chi chiede aiuto e non dallo specialista.

Grazie a ciò la resistenza al cambiamento viene azzerata, poiché quest'ultimo non viene direttamente richiesto ma indirettamente indotto.

Come verrà illustrato attraverso esempi reali nel capitolo successivo, le parafrasi ristrutturanti seguono, in successione, gruppi di domande strategiche facendo passare gradatamente l'attenzione dell'interlocutore dal problema e dalla sua persistenza alla soluzione e alle manovre che questa richiede per essere attuata.

Questa spirale a imbuto composta da domande, risposte, parafrasi e conferme produce un graduale ma rapido processo di cambiamento nella percezione delle cose in questione, e conduce alla modifica delle modalità precedenti, senza che questa modifica venga direttamente o arbitrariamente prescritta.

3. *Evocare sensazioni*

«Prima di convincere l'intelletto occorre toccare e predisporre il cuore». Ancora una volta il grande persuasore in nome di Dio, Blaise Pascal, ci indica l'importanza fondamentale, in un processo persuasorio, dell'evocare sensazioni.

Potremmo definire il suo stato come quello di «una marionetta rotta con gli occhi rivolti verso l'interno». Questa espressione, più di qualunque dotta spiegazione, evoca in una persona continuamente attenta ai propri sintomi fisici, e per questo incapace di relazionarsi con il mondo esterno, una sensazione intensa di quanto tale modalità sia disfunzionale e spinge, più di qualunque forzatura, a volerla cambiare.

Dialogare strategicamente significa indurre nell'interlocutore cambiamenti mediante ciò che gli viene fatto sentire; pertanto, il ricorso al *linguaggio evocativo* diventa essenziale.

Tutte le figure retoriche e le forme poetiche possono essere utilizzate a questo scopo. L'importante è che la formulazione comunicativa provochi nell'interlocutore l'effetto evocativo pianificato e utile ai fini prefissati nel dialogo. In altri termini, che si usi un *aforisma* o una *metafora*, un *aneddoto* o un *esempio concreto*, una *citazione poetica* o una *narrazione*, un'*argomentazione* o un *controsenso* non fa differenza, a patto di evocare la sensazione che innesca l'effetto emotivo idoneo allo scopo persuasorio.

Si può efficacemente ridefinire una situazione di disperata solitudine, ad esempio con un'immagine: *Lei è come «un fiammifero acceso tra due bui...»* oppure, utilizzando una citazione poetica: *Come per Saffo di Leopardi: «Anche l'acqua del mare si allontana quando lei le si avvicina»...* Entrambe le formulazioni sono in grado di evocare sensazioni forti, che se usate strategicamente diventano *correttive*.

L'arte di utilizzare questa tecnica risiede nell'orientare i suoi effetti in direzione *avversiva* nei confronti degli atteggiamenti o comportamenti che devono essere interrotti o cambiati e in maniera *esaltante* nei confronti di quelle reazioni da incentivare o incrementare. L'evocazione di sensazioni non deve essere un mero esercizio letterario o una esibizione di capacità analogiche, ma un preciso fendente retorico che vada a colpire il punto di leva delle emozioni dell'interlocutore perché si producano le reazioni desiderate.

A questo scopo, la formulazione deve essere in sintonia con lo stile comunicativo e le caratteristiche personali del soggetto. La struttura retorica prescelta non può scontrarsi con gli usuali sistemi rappresentazionali del soggetto da persuadere, altrimenti si produrrà l'effetto contrario. Ad esempio, non sarà efficace narrare a un intellettuale razionalista una storiella zen, in quanto lui si sentirà trattato da ignorante, mentre probabilmente sarà folgorato da un dotto aforisma mitteleuropeo. A questo riguardo, nella letteratura scientifica sull'argomento sono presenti molti equivoci, e troppo spesso si fa riferimento all'uso di metafore all'interno del linguaggio terapeutico senza specificarne l'utilizzo strategico e, soprattutto, limitando il potere evocativo alla sola narrazione di storie o alla citazione di immagini metaforiche.

La forma comunicativa prescelta, poi, oltre ad adattarsi all'interlocutore, deve essere coerente con lo stile personale e relazionale di chi ne fa uso. Una persona gracile e con fare dimesso che citi una delle indicazioni dell'*Arte della guerra* non solo non evoca sensazioni strategiche, ma può sembrare ridicola e poco credibile. Evocare sensazioni in maniera strategica è in realtà una tecnica raffinata e complessa, che richiede, per essere appresa come *competenza*, un prolungato esercizio alla retorica, alla recitazione e all'arte dello stratagemma. In caso contrario, gli effetti di questa raffinata e sottile arma di persuasione saranno non solo inefficaci, ma controproducenti.

Si richiede al persuasore strategico, nei fatti, di essere in grado di selezionare l'espediente retorico più adeguato alla situazione e alla persona da cambiare, di presentarlo nel momento più idoneo del dialogo, nella maniera verbale e non verbale più efficace. Tutto questo richiede una vera e propria capacità da funambolo della comunicazione.

Il dialogo strategico strutturato nella sequenza di domande, parafrasi e sentenze evocative è come una partitura musicale, deve possedere una sua armonia e richiede un interprete in grado di renderne appieno gli effetti. Differenti esecutori producono effetti diversi della stessa opera. Chiunque può imparare a suonare bene il pianoforte e a interpretare un brano, ma pochi sono in grado di far venire i brividi agli spettatori. Allo stesso modo, chiunque può imparare la tecnica del dialogo strategico e utilizzarla discretamente, ma pochi saranno capaci di farne una vera arte. Ma se si studia e ci si esercita per un tempo adeguato si può imparare a porre domande strategiche a illusione di alternative, a parafrasare le risposte ristrutturandole e a usare formule per evocare sensazioni. Questo renderà capaci di guidare il nostro interlocutore verso cambiamenti terapeutici. Per essere terapeuti efficienti, l'eccellenza artistica non è una qualità indispensabile. Nella maggioranza dei casi, infatti, possedere una buona tecnica è quanto basta per ottenere ottimi risultati. Infine, per sapere se si può essere o no artisti c'è un solo modo, continuare a sviluppare le proprie capacità tecniche cercando continuamente di superare i propri limiti.

4. Riassumere per ridefinire

«Le idee si trasformano in noi, trionfano sulle resistenze che inizialmente opponiamo loro e si nutrono di ricche riserve intellettuali già pronte, che non sapevamo destinate a esse». Marcel Proust, nella *Ricerca del tempo perduto*, ci indica come le idee in noi evolvono, ci fanno scoprire immagini dimenticate e risorse insperate. Questo processo può anche essere indotto, in modo che le idee si riorganizzino in una nuova configurazione. Lo stesso narratore continua: «Il grande talento, più che da elementi intellettuali e di raffinatezza sociale superiore a quelli degli altri, proviene dalla facoltà di trasformarli, di trasporli».

Una volta completata la fase di indagine-scoperta e di induzione di nuove prospettive, si deve procedere a riassumere per *incorniciare* il tutto. Questo riassumere – una sequenza articolata delle risposte del soggetto – è teso a ridefinire in maniera conclusiva le scoperte fatte insieme riguardo al problema presentato, alla sua persistenza, e soprattutto alle sue soluzioni: queste, tuttavia, non vengono direttamente dichiarate, ma proposte come logica conseguenza della conoscenza raggiunta. In questo modo il paziente viene condotto all'ineluttabilità di un cambiamento, come inevitabile effetto di ciò che è stato scoperto e concordato rispetto al suo disagio. In effetti, questa manovra è una sorta di iperparafrasi che ri-denota l'intero processo del dialogo strategico compiuto, costruendovi attorno l'idonea cornice. Infatti, come una bella cornice valorizza il quadro, così questo *riassumere per ridefinire* consolida e incrementa tutti gli effetti precedentemente indotti, facendoli confluire verso il cambiamento.

Incorniciare tutto il precedente processo dialogico con i suoi punti cruciali, all'interno di una sequenza logica concordata da entrambi gli interlocutori, produce un effetto persuasorio formidabile. Gli studi psicosociali sull'influenzamento interpersonale (Cialdini, 1989) dimostrano chiaramente che una serie di accordi minimali in sequenza conducono a un grande accordo finale: si tratta di «mettere il piede sulla porta per poi farsi spazio con tutto il corpo».

«Ogni cosa conduce a un'altra cosa, che conduce a un'altra cosa... se ti concentri sul fare la più piccola, poi la successiva e così via... ti troverai a giungere a fare le grandi cose, avendo fatto solo le piccole...»

Con queste parole John Weakland, uno dei grandi maestri della terapia breve strategica, guidava i suoi allievi a concentrare i loro sforzi durante le terapie sui piccoli cambiamenti piuttosto che su quelli più grandi, per poi, attraverso una catena progressiva di passi piccoli ma inesorabili, giungere rapidamente all'obiettivo del grande cambiamento. Tutto ciò richiama alla mente un motto di Napoleone Bonaparte: «Siccome ho molta fretta, vado molto piano».

Tornando al nostro *riassumere per ridefinire*, ci preme evidenziare come il proporre al paziente tale cornice conclusiva fa sì che questa si fisserà in lui come la rappresentazione mnemonica di qualcosa di già realizzato, e non da realizzare. Le conseguenze operative che seguiranno saranno così vissute come effetti di qualcosa di noto e non di una realtà minacciosamente ignota.

Tutti noi propendiamo a *riconoscere*, piuttosto che a *conoscere*, poiché dare una cornice nota all'ignoto ci rassicura. Mediante questa manovra si crea una sensazione rassicurante di conoscenza rispetto al problema e alla sua percezione, nonché a ciò che si rende necessario per la sua soluzione. Questo prezioso autoinganno rende la messa in atto dei cambiamenti necessari decisamente più realizzabile, poiché non solo azzera le resistenze, ma incrementa le aspettative positive e il senso di controllo del soggetto. Questi non sentirà di doversi avventurare nell'ignoto, ma avrà l'idea di partire per un'avventura con precise e rassicuranti coordinate che lo guideranno alla meta. Infine, la ridondanza nel riassumere, quando presentata in maniera retorica, produce effetti fortemente *suggestivi* che potenziano l'effetto della manovra stessa, poiché al processo terapeutico in corso si aggiunge anche un effetto ipnotico (Sevillat, 2004).

Attraverso questa forma evoluta di dialogo si può lavorare contemporaneamente sui quattro livelli psicologici fondamentali: percezione, emozione, comportamento e cognizione, mediante una sottile ed elaborata forma *tività non direttiva.*

Infatti «bisogna mettersi nei panni di coloro che no ascoltarci e saggiare sul proprio cuore l'effetto che farà il giro che si darà al discorso, per vedere se l'uno è fatto per l'altro e se si può star certi che l'uditore sarà come forzato ad arrendersi!» (Pascal, *Pensieri*, 16).

5. Prescrivere come scoperta congiunta

«Alla fine del viaggio ci troveremo al punto di partenza». Con questa immagine poetica Thomas Stearn Eliot ci rimanda all'idea che la fine di qualunque cosa apre l'inizio di un'altra cosa. Questo vale anche per il dialogo strategico.

Giunti alla fine della seduta, dopo aver eseguito tutte le fasi descritte del dialogo strategico, non resta che concordare ciò che dovrebbe essere messo in atto per far sì che i cambiamenti di prospettiva, realizzati durante il colloquio, divengano azioni operative nella vita reale del soggetto che ha chiesto aiuto. La fase delle indicazioni prescrittive rappresenta un punto fondamentale, in quanto è il momento nel quale si deve trasformare in compiti da realizzare quanto si è scoperto, accordato e ridefinito nel dialogo. Questa è la fase del dialogo strategico nella quale non sussiste una sostanziale differenza con lo stile terapeutico del decennio precedente alla sua messa a punto. La chiusura dell'incontro, con le prescrizioni che vengono indicate da realizzare tra una seduta e l'altra, appare immutata rispetto ai ben noti protocolli terapeutici presentati nei nostri testi precedenti. Le ingiunzioni specifiche, da mettere in atto da parte del paziente, restano le stesse per le diverse patologie e le loro varianti.

Non si deve dimenticare che senza quella precedente ricerca sulle tattiche terapeutiche per le differenti forme di disturbo psicologico non sarebbe stato possibile studiare l'evoluzione tecnica del dialogo nella prima seduta. Questo perché, senza lo studio sulle tentate soluzioni, non sarebbe stato possibile selezionare le domande strategiche focalizzate su di esse. Allo stesso modo, senza la messa a punto di stratagemmi terapeutici specifici per lo sblocco delle differenti forme di persistenza dei problemi non sarebbe stato possibile costruire le parafrasi ristrutturanti o selezionare le forme di linguaggio in grado di evocare le sensazioni in maniera strategica. L'unica cosa che rende differente la fase prescrittiva attuale da quella elaborata e praticata degli anni passati è ciò che si è realizzato prima, durante il dialogo, poiché questo predispone l'interlocutore ad accettare le consegne da mettere in atto. In questo modo si elimina il passaggio drastico dalla fase di indagine sul problema a quella della ingiunzione delle prescrizioni. Tutta la sequenza del dialogo scorre fluidamente e giunge in maniera naturale alle indicazioni di ciò che deve essere eseguito. L'armonioso evolversi del dialogo strategico nelle prescrizioni da realizzare rende queste ultime non solo accettabili, ma inevitabili. L'arte della terapia, nei fatti, non è rendere il cambiamento auspicabile, ma farlo divenire inevitabile.

Capitolo 3

*Il dialogo strategico in azione: esempi di Tecnologia Magica**

«Una tecnologia abbastanza evoluta nei suoi effetti non è dissimile da una magia». Con queste parole uno dei massimi studiosi del MIT (Massachusetts Institute of Technology), Clarke, ci dice che quando la tecnica diventa molto raffinata i suoi effetti concreti possono far pensare a un miracolo.

Riteniamo che questo sia anche il caso del «dialogo strategico», quando applicato a importanti e resistenti forme di patologia psicologica. Al fine di chiarire ancora di più al lettore la tecnica rigorosa che è stata messa a punto, presentiamo qui di seguito alcuni esempi di reale applicazione.

Si è scelto un variopinto ventaglio di casi – dai disturbi fobici più o meno avanzati alle ultime *specializzazioni* dei disordini alimentari, a problematiche più *ordinarie* – affrontati con persone eterogenee per sesso, cultura, condizione, in diversi contesti – da situazioni pubbliche e dimostrative a quelle più cliniche.

I commenti a margine della comunicazione serviranno a

* Questo capitolo è stato redatto con la collaborazione di Simona De Antoniis.

chiarire la strategia evoluta di cambiamento utilizzata, puntualizzandone ogni specifica manovra e la sequenza processuale dal problema alla soluzione.

Il lettore potrà così calarsi all'interno della rigorosa e al tempo stesso creativa arte del *dialogo strategico.*

Caso 1: Dismorfofobia

Incuriositi dai metodi della psicoterapia breve, gli autori di un noto programma televisivo di medicina e salute propongono un esperimento da «prima serata»: la ripresa di una seduta di psicoterapia per dimostrare al vasto pubblico come risolvere in tempi brevi complicati problemi umani.

La paziente «designata» è una giovane di ventitré anni, sofferente di un problema particolarmente diffuso nell'ambiente dello spettacolo: la «dismorfofobia». In pratica, dopo essersi sottoposta a un intervento per aumentare il volume del seno, la giovane si rivolge nuovamente al suo chirurgo estetico, stavolta per aumentare il volume del labbro superiore. Con professionalità, lo specialista rifiuta la richiesta e la invia a un altro specialista, idoneo al nuovo problema.

La dismorfofobia è un fenomeno tipicamente postmoderno (Nardone, 2003N), in quanto è legato al crescente sviluppo del senso estetico come fenomeno sociale e alle evoluzioni della chirurgia estetica, dunque basato sulle attuali possibilità di poter cambiare anche l'apparentemente immutabile: l'aspetto esteriore.

Qui di seguito riportiamo il «dialogo» tra la persona e il terapeuta.

Terapeuta Buongiorno, Cinzia.
Paziente Buongiorno.
T. Posso darti del tu? *Creare il contatto*
P. Come no.

Definizione del problema

T. Bene. Allora, cos'è che ti porta qua da me?

P. Mi porta qui da lei praticamente il mio chirurgo, poiché io gli ho chiesto di farmi un intervento alle labbra, per ingrandire il labbro superiore, però lui ha detto che effettivamente non ce n'è bisogno.

T. Uhm... e quindi ti ha detto di venire a parlare con me!

P. Sì.

Domande focalizzate sulle tentate soluzioni

T. Ok. Tu hai già fatto qualche intervento estetico, oppure è la prima volta che lo chiedi?

P. No, ho già fatto un intervento estetico: ho ingrandito il seno.

T. Ok, e questo è riuscito bene o ti ha creato qualche problema?

P. No, è riuscito molto bene.

Parafrasi ristrutturante: riassumere ridefinendo

T. Quindi in realtà – correggimi se sbaglio – tu hai fatto un intervento per correggere qualcosa di estetico che non ti piaceva, ha funzionato bene, adesso ti è venuta voglia di correggere un'altra cosa che secondo te non è come tu vorresti...

P. Sì, giusto!

T. Le labbra.

P. Le labbra.

T. Però il tuo chirurgo ti ha detto 'secondo me non c'è bisogno, vai a parlare con...'

P. Sì.

Indagine sul modello ridondante di tentate soluzioni

T. Uhm. Ok, e a te questo ha dato fastidio, il fatto che lui abbia detto 'non ce n'è bisogno', oppure ti ha rassicurato?

P. No, diciamo che... mi ha potuto solo far

piacere. Perché evidentemente dal suo lato, il lato maschile, mi ha detto che non ce n'era bisogno. Però io penso a me e a quello che piace a me effettivamente.

Indagine con domande a imbuto per focalizzare 'come funziona' il problema

T. Ok, ma secondo quello che piace a te ce ne sarebbe bisogno o non ce ne sarebbe bisogno?

P. Secondo me, sì.

T. Prima di intervenire sul seno, eri convinta di dover aggiustare anche le labbra, oppure questo è venuto dopo aver aggiustato il seno?

P. Ehm... No, è venuto dopo aver aggiustato il seno.

T. Quindi tu hai cominciato a scoprire il difetto alle labbra solo dopo aver aggiustato il difetto al seno?

Riassumere per ridefinire

P. Giusto, sì.

T. Ok... questo a cosa ti fa pensare?

Domande strategiche: convertire l'attenzione sul modello percettivo disfunzionale, facendolo emergere

P. A me? A me niente...! [*ride*]

T. Cosa ti fa pensare di aver trovato un difetto, solo dopo averne aggiustato uno precedente?

P. Be', in effetti sì... il succo è questo. [*ride*]

T. Com'è che prima non lo vedevi e adesso lo vedi?

P. Be'... questa è una bella domanda!

Guidare alla scoperta

T. Eh...!

P. ...che evidentemente non guardo più quello, perché ormai l'ho risolto, e guardo altro.

T. Ok. E pensi che dopo aver aggiustato le labbra potrebbe esserci qualcos'altro da correggere, oppure ti accontenteresti?

Evocare timore

P. Eh, non lo so! Questa è una domanda da un milione di dollari... Non lo so proprio...!

T. Ok, immagina: aggiusti il labbro superiore, diventa più bello. Funziona... potresti vedere poi un altro difetto da correggere, secondo te?

'Scenario oltre il problema'

P. No.

T. Perché no?

P. Perché no...!

T. E secondo te una catena progressiva di interventi correttivi con il bisturi ti migliorerà o ti potrebbe far peggiorare?

P. A livello psicologico mi fanno stare bene, perché io sto in pace con me stessa. E l'importante per me è quello: stare bene con me stessa, e del resto non importa nulla...

T. Ok, quindi la cosa più importane per te è aggiustare dei difetti e poi stai bene con te stessa!

Ridefinire per provocare ciò che è inaccettabile

P. Occhio, no. No.

T. Ah...

P. Per me sono importanti una serie di cose, una di quelle è stare bene con me stessa, guardarmi allo specchio ed essere contenta di come sono.

T. Ok, ma se intervenire su un difetto e aggiustarlo ti fa scoprire un altro difetto e lo aggiusti... e poi lo aggiusti...

Domande strategiche: convertire sulle tentate soluzioni che alimentano il problema

P. Questo non è detto. Può darsi che io mi fermi qui, come può darsi che io vada avanti, non si sa.

T. Quindi può darsi che ti fermi qui? Cos'è che ti potrebbe far fermare qui?

P. Il fatto di non scoprire altri difetti. [*ride*]

T. Però adesso il difetto alle labbra lo vedi!?

P. Sì, be', effettivamente...!

T. Hai presente il gioco delle scatole cinesi? Apri una scatola grande, ne trovi una più piccola, apri quella più piccola, ne trovi un'altra più piccola, apri quella più piccola, ne trovi un'altra più piccola... Se tu cominciassi a pensare che dopo ogni intervento correttivo che ha funzionato, ti verrà la voglia di un altro, dopo un altro intervento ti verrà la voglia di un altro, dopo un altro intervento ti verrà la voglia di un altro... semplicemente perché correggere con il bisturi una cosa che funziona bene potrebbe farti scoprire un nuovo difetto da aggiustare, e un nuovo difetto da aggiustare... In altri termini, potrebbe essere il correttivo che diventa ciò che crea nuove cose da correggere...!

Evocare timore: ristrutturare attraverso immagine

Hai presente Michael Jackson?

Evocare sensazioni: associare lo sgradevole a ciò che è percepito come piacevole

P. Sì.

T. Quanto si è corretto lui?

P. All'inverosimile! [*ride*]

T. Ti ricordi? Cominciò dalla pelle, poi dal naso, poi dalla faccia...

P. Non esageriamo, su! Abbiamo preso un caso eclatante!

T. ...dov'è arrivato?!

Questo semplicemente per dirti che una buona soluzione può trasformarsi in un problema, se reiterata.

Ridefinire per cambiare, passare dalle sensazioni evocate al proporre nuove visioni

P. Uhm!

T. Uhm! ...quindi il mio consiglio è: comincia a pensare che correggere una tua forma di presunto difetto può esserti d'aiuto, senza dubbio, ma che potrebbe anche trasformarsi in un problema che crea un nuovo problema, che crea un nuovo problema... come il gioco delle scatole cinesi! E io ho usato l'immagine di Michael Jackson proprio perché è molto forte!

La ridefinizione diviene una indicazione accordata insieme

P. Sì! Be', in effetti...!

T. Ti do un consiglio. Se me lo permetti...

P. Certo!

T. Nelle prossime settimane divertiti ad andare davanti allo specchio almeno cinque volte al giorno, ogni tre ore per cinque minuti, con carta e penna, e divertiti a trovare tutti i tuoi difetti. Scrivi e pensa a come dovresti correggerli, scrivendo anche quello. Questo è un ottimo modo per evitare il gioco delle scatole cinesi, d'accordo?

Prescrizione diretta di un rituale che saturi sino alla rottura il modello

P. Bene.

II *incontro*

Dopo il primo incontro, il terapeuta e Cinzia si rincontrano per una seconda volta, direttamente negli studi televisivi. L'incontro in trasmissione tra terapeuta e paziente non è assolutamente «preparato», cosicché quello che è avvenuto viene riportato senza la benché minima alterazione di *scena*.

Il conduttore procede, intervistando i protagonisti della vicenda, dopo una breve introduzione riassuntiva della situazione che ha condotto all'esperimento televisivo...

[Introduzione del giornalista]
Allungare la giovinezza è una legittima aspirazione di tutti. Anche se solo nell'apparenza, perché no... ma potrebbe anche diventare un'ossessione. Questa è la storia di Cinzia.

Cinzia ha ventitré anni, ha già fatto un intervento di chirurgia estetica al seno, ma dopo questo intervento ha scoperto di avere «qualcos'altro» che non le piace... e cioè il labbro superiore. A questo punto è andata dal suo chirurgo plastico, lo stesso che l'aveva operata precedentemente – cioè dal dottor Siniscalco – il quale le dice: «Secondo me è il caso di aspettare. Anzi, sarebbe meglio che tu andassi da un altro professionista, da uno psicoterapeuta, per capire se tutto questo è una legittima aspirazione a sentirsi meglio con se stessi, oppure se dietro c'è qualcos'altro». Cinzia va da Giorgio Nardone.

Abbiamo mostrato, e lo stiamo rivedendo, il documento di questa psicoterapia breve, di questa prima seduta di psicoterapia breve, nel corso della quale il professor Nardone cerca di capire se c'è qualcos'altro dietro a questo desiderio di Cinzia di rifarsi anche il labbro superiore. Le dà anche un piccolo compito: nei prossimi giorni vai davanti allo specchio e scrivi tutte le cose di te stessa che non ti piacciono.

Giornalista Cinzia... che effetto ti ha fatto vedere ripreso il colloquio che hai avuto qualche giorno fa col professor Nardone?

Paziente Diciamo che mi ha fatto molto effetto... diciamo che mi ha fatto ricordare un bel momento, perché questo colloquio per me è stato molto importante.

G. Un 'bel momento'?

P. Sì, perché mi ha bloccato, ha bloccato quello che io pensavo.

G. Scusa... ti ha 'bloccato', o ha 'sbloccato' quello che pensavi?

P. No, ha *bloccato* quello che io pensavo.

G. Cioè la tua decisione?

P. Sì. La mia decisione. Sì, di rifarmi il labbro superiore.

G. Ah! Come mai?

P. Lo ha bloccato, sì. In dieci minuti è riuscito a farmi vedere per un attimo al di là dell'apparenza estetica... di quello che io potevo volere o non volere. E quindi per il momento è tutto rimandato, perché ci sto pensando molto bene. Mi ha colpito.

G. Senti... Ecco, *che cosa* in particolare ha scardinato questa convinzione che avevi?

P. Il fatto che io non vedevo il problema del mio labbro superiore prima che mi rifacessi il seno. Per me questo prima non era assolutamente un problema, solo dopo l'operazione ho notato questo difetto.

G. A proposito... hai fatto i compiti?

P. No, non li ho fatti perché non ce n'è stato bisogno. Non ce n'è stato assolutamente bisogno.

G. Hai subito preso una decisione dopo una sola seduta di psicoterapia breve?

P. Sì, sì, mi ha colpito veramente molto...!

G. Professor Nardone... spieghi meglio!

Terapeuta Be', fare un dialogo strategico come quello che avete visto non è cercare di capire, ma cercare di far sentire alla persona che viene da noi quello che ci presenta, che è un problema, da una prospettiva differente. Stimolare una percezione diversa del medesimo fenomeno, che ne faccia cambiare completamente la reazione e la cognizione.

G. Cambiare punto di vista?

T. Sì, cambiare punto di vista. E questo attraverso una serie di domande, come avrete osservato e sentito, domande particolari che guidano la persona attraverso le sue stesse risposte a cambiare il suo punto di vista. E le parafrasi che ho fatto per confermarlo hanno rafforzato le sue nuove sensazioni.

G. Tutto questo in una sola seduta di psicoterapia breve! Cioè, dopo non ce ne sono state altre?

T. Nessun'altra.

G. Scusi, professore... cosa significa questo, che era un problema iniziale...?

T. Allora, diciamo che sicuramente Cinzia ha reagito nel migliore dei modi. È stata molto sensibile e collaborativa, quindi l'averla guidata a sentire le cose in modo differente ha subito innescato quello che doveva innescare; tanto che non ha sentito il bisogno di fare il compito, la prescrizione, che era solo un rafforzativo della seduta. Di solito dopo una seduta di questo genere la maggioranza dei pazienti non esegue la prescrizione perché non ne ha bisogno, perché il cambiamento è già avvenuto in seduta. Se invece in seduta l'impatto non è stato abbastanza forte, allora il compito viene eseguito.

Ora, è molto importante pensare come Cinzia sia arrivata nella situazione iniziale dell'innescarsi del dubbio di avere bisogno di altri interventi, e quindi è stata colta in un momento in cui sicuramente è stato più facile far leva sul cambiamento. Quando arrivano persone che hanno fatto tanti interventi chirurgici, che continuano ad avere l'ossessione dell'intervento chirurgico su fenomeni estetici inesistenti, oppure con problemi creati dagli stessi interventi chirurgici in successione, allora sicuramente una seduta non basta. Però è vero che l'intervento terapeutico può essere condotto sempre in un numero molto limitato di sedute se si lavora portando la persona, attraverso le domande e le sue risposte e la parafrasi alle sue risposte, non a capire, ma a *sentire* differentemente.

Per riassumere schematicamente la tecnica del dialogo strategico applicato alla dismorfofobia ci sembra utile offrire uno schema sequenziale delle manovre effettuate.

Grafico riassuntivo della sequenza di questo dialogo strategico

PROBLEMA
«secondo il mio chirurgo estetico non ho bisogno dell'intervento»

Illusione di alternative — *DOMANDA* — Illusione di alternative
Illusione di alternative — *DOMANDA* — Illusione di alternative

PARAFRASI RISTRUTTURANTE
RIASSUMERE RIDEFINENDO

Illusione di alternative — *DOMANDA* — Illusione di alternative
Illusione di alternative — *DOMANDA* — Illusione di alternative
Illusione di alternative — *DOMANDA* — Illusione di alternative

PARAFRASI RISTRUTTURANTE

GUIDARE ALLA SCOPERTA

DOMANDA
'SCENARIO OLTRE IL PROBLEMA'

Illusione di alternative — *DOMANDA* — Illusione di alternative

PARAFRASI RISTRUTTURANTE
PROVOCATORIA

DOMANDA STRATEGICA

EVOCARE SENSAZIONI
ATTRAVERSO IMMAGINE METAFORICA

EVOCARE SENSAZIONI

RIDEFINIRE LE
SENSAZIONI EVOCATE

PRESCRIZIONI
COME SCOPERTA CONGIUNTA
DI CIÒ CHE FARÀ CAMBIARE

Rituale della pagella estetica
⇓
SOLUZIONE

Caso II: *Depressione manageriale*

A conclusione di un workshop rivolto a manager sulla comunicazione e il *problem solving* strategico, ecco l'irrinunciabile spazio dedicato all'applicazione delle tecniche e delle logiche illustrate con un volontario del pubblico disposto a esporre il proprio problema.

Coraggiosamente, si fa avanti una donna sulla quarantina che presenta una sua personale difficoltà nella vita e nella scelta professionale. Il dialogo assume le caratteristiche della ricerca-intervento; attraverso le domande strategiche la donna viene guidata a specificare meglio, soprattutto a se stessa, i concreti termini del problema e di qui a tirare somme e conclusioni, che prima erano per lei invisibili poiché era intrappolata nelle sue rigide percezioni del problema.

Definizione del problema

Terapeuta Qual è l'obiettivo che vorresti ottenere proponendoti come *volontaria*?

Paziente Eh... avere la forza di prendere la decisione di cambiare lavoro.

T. Uhm, bene. E... qual è il problema che ti impedisce di farlo: una tua debolezza personale o una condizione ambientale?

P. Una debolezza personale.

T. Ok. E la tua debolezza personale è nel prendere decisioni... o nella paura degli effetti della decisione?

P. Nella paura degli effetti della decisione.

Tre domande generali e parafrasi riassuntiva

T. Quindi... correggimi se sbaglio, tu in questo momento ti trovi a un bivio... dovresti prendere la decisione di cambiare lavoro, ma per tua debolezza personale non riesci a farlo perché temi gli effetti di questa decisione.

P. Sì.

T. Ok. Gli effetti di questa decisione si ritorcerebbero solo su di te o anche su altre persone?

P. Anche su altre persone.

T. Bene, e gli effetti di questa decisione sarebbero immediati o a lungo termine?

P. Questo non lo so... forse... forse immediati.

T. Uhm, uhm. Ok.

P. Ma... comunque... ecco... effetti non so se dire positivi o negativi, però...

T. Ah! Questo è interessante.

P. Immediati negativi li vedo, a lungo termine forse positivi.

T. Quindi se non capisco male... altrimenti correggimi... tu sei lì pronta a un'impasse..., devi prendere una decisione e questa decisione porterebbe a effetti importanti che, nell'immediato, sarebbero negativi, ma a lungo termine potrebbero essere positivi... però questi effetti negativi sul breve termine non si ritorcono solo su di te, ma anche su altre persone.

Ridefinizione del problema attraverso parafrasi

P. Sì.

T. E per paura di questi effetti tu sei titubante.

P. Sì... diciamo che sono paralizzata.

T. Bene... E valutando gli effetti della tua decisione, mmh... stai dando più peso agli effetti negativi sul momento o ai possibili effetti positivi a lungo termine?

P. Agli effetti negativi sul momento.

'Creare dal nulla'

T. Gli effetti negativi sul momento... sarebbero degli effetti irreparabili o che potrebbero essere superati in tempi relativamente brevi?

P. ...questo non lo so, sì, superati ma... forse non in tempi relativamente brevi.

T. Quindi se non vado errato... altrimenti correggimi... tu in questo momento temi di prendere una decisione che esporrebbe te o persone care a degli effetti piuttosto pesanti... e non hai alcuna certezza... che poi... tu potrai rimediare a questi effetti nel futuro sia a breve che a lungo termine.

Riassumere per ridefinire

P. Sì, non ho la certezza nel breve termine, mentre a lungo termine sì, potrei rimediarli.

T. Quindi, se non vado errato, tu a lungo termine sai sicuramente che rimedierai gli effetti di una decisione che porta degli effetti negativi sull'immediato.

P. Non ne sono così sicura, ma ho molta fiducia, molta...

T. Non ne sei sicura ma hai molta fiducia. La tua fiducia negli effetti positivi a lungo termine... si basa sul fatto che ci sono dei progetti reali... o su una tua aspettativa?

Domande a 'imbuto'

P. Sul fatto che ci sono progetti reali e sul fatto di sentire molte potenzialità inespresse.

T. Ok... e queste potenzialità inespresse che tu senti, sono inespresse perché il tuo attuale ruolo di lavoro te lo impedisce o perché tu non riesci a esprimerle nell'attuale ruolo di lavoro?

P. Più la seconda cosa...
T. Ovvero?
P. Perché non riesco io a esprimerle.
T. Quindi, correggimi se sbaglio, tu sei una persona che ha un problema nel decidere se interrompere un lavoro o meno. Sei molto titubante perché ci sono degli effetti negativi a breve termine che influenzerebbero la vita non solo tua ma anche di persone care; questi effetti negativi potrebbero essere solo sul breve termine, perché a lungo termine potresti assolutamente avere altre occasioni... e tu le senti queste cose, anche se non ne sei certa... e senti di essere bloccata nell'esprimere le tue potenzialità, ma che il blocco non deriva dalla situazione nella quale ti trovi ma dalla tua incapacità di esprimerti.

Ridefinire attraverso parafrasi

P. Uhm. [*annuisce*]
T. Correggimi se sbaglio, potremmo pensare che se tu riuscissi a superare il tuo blocco personale potresti cambiare la situazione nella quale stai lavorando senza abbandonarla?

Orientare attraverso lo 'scenario oltre il problema'

P. Qualche volta ci ho provato e ho avuto anche dei risultati apprezzabili, però è durato poco.
T. Ok... quando ci hai provato... è cambiato qualche cosa in te o qualche cosa negli altri?
P. In tutti gli ambiti, sia in me che negli altri.
T. Ma da dove è cominciato?
P. Da me.

Sviluppare premesse fino a stringere le conclusioni: 'far salire il nemico in soffitta e togliere la scala'

T. E hai prodotto degli effetti negli altri, se non vado errato.

P. Mmh, mmh. [*annuisce*]

T. Ok... però hai detto che è durato poco! Ma tu poi hai perseverato in quelle cose che funzionavano, o dopo un po' le hai mollate perché erano scomode?

P. Le ho mollate.

T. Ah... permettimi di puntualizzare, altrimenti non capisco... ma correggimi se sbaglio... se non ho capito male tu hai messo in atto delle strategie di successo dove lavori... che ti avrebbero permesso di esprimere le tue potenzialità. Hanno funzionato, però dopo un po' le hai mollate e ovviamente sono riprese... le situazioni precedenti.

Ristrutturazione circolare del modello fallimentare di tentate soluzioni

P. Sì. [*annuisce*]

T. Permettimi di usare un'immagine un po' strana: quindi tu sei una persona che ha un problema dove lavora, una frustrazione di non poter esprimere le proprie potenzialità, tanto da decidere «me ne vado»... però se me ne vado... corro dei rischi piuttosto grandi per me e per le persone care.

Parafrasare con l'enunciato diretto: il 'punto di vista' dell'interlocutore

Inoltre quando ho fatto dei cambiamenti in me sono riuscita a cambiare la situazione intorno a me... però non sono riuscita a mantenere i cambiamenti in me.

Aggiungere per cambiare

P. [*annuisce*] Sì.

T. Ok... allora in questo momento dovremmo cambiare l'organizzazione o dovremmo cambiare le tue strategie?

Mostrare il bivio a chi punta una sola direzione

P. Le mie strategie, sicuramente.

T. E in questo momento è indispensabile andarsene o è indispensabile cambiare i tuoi modi di restare?

P. [*pausa*] In questo momento io sento che è indispensabile andarsene.

T. Ok, e...

P. Perché se si ripete questa cosa, cercando di cambiare in quel contesto, se io mollo evidentemente ci sono delle... delle resistenze per cui non vale la pena...

T. Ma delle resistenze da parte degli altri o da parte tua?

P. Da parte mia, probabilmente penso che non ne valga la pena di... di investire troppo in quel tipo di contesto.

T. Ah, ok... ti ricordi...

P. Quindi mi stanco, mollo per questo motivo.

T. Quindi, se non ho capito male, tu potresti cambiare la situazione, ci sei anche riuscita, però il fatto di non riuscire a mantenere la strategia di successo ti fa pensare che non ne valga la pena.

Ridefinire attraverso parafrasi

P. Uhm... [*annuisce*]

T. Ok, tu hai studiato latino alle scuole?

P. [*annuisce*]

T. Ti hanno fatto tradurre le favolette di Fedro?

P. Qualcosa... [*annuisce*]

T. Te la ricordi la volpe e l'uva?

P. [*annuisce*]

T. Cosa ti ricordi?

Evocare sensazioni: «vale la pena?»: ristrutturazione attraverso i 'classici'

ndo la volpe non arriva all'uva dice
acerba.

Ah... Ha qualcosa a che vedere con la tua situazione, secondo te, oppure è lontana?

P. [*pausa*] Ma no, non la vedo così.

T. Ok, e hai mai pensato che c'è una regola particolare nella vita?

Evocare timore

...si può abbandonare un campo di battaglia solo quando si è in grado di starci; se si abbandona quando non si è in grado di starci è una fuga.

P. [*annuisce*] Uhm...!

T. E ogni fuga ci lascia delle ferite che non guariscono.

P. [*pausa, annuendo*] Quindi vale la pena insistere e ritrovare quella carica...

T. Vale la pena di giungere a essere capaci di starci, per decidere poi se andare o no. Se si va via quando si è incapaci di stare è una fuga.

Prescrivere come 'scoperta congiunta'

P. Infatti per questo non vado via, perché ho capito che stavo fuggendo.

T. Ok. E questa è una risorsa importante che va sfruttata e che va messa insieme all'idea 'sono io che devo cambiare me stessa per cambiare gli altri'.

Ti ricordi quello che abbiamo detto prima di Gandhi: «*Sii quello che tu vorresti che il mondo fosse*». Se voglio cambiare gli altri, devo cominciare col cambiare me stessa, ma mantenendo la linea.

L'insegnamento dei 'grandi'

P. Solo che è troppo faticoso, cioè...

T. Talvolta la vita è faticosa, ma... è più faticoso *restare* e impegnarsi a essere quello

Illusione di alternative

che tu vorresti che il mondo fosse, o... *andarsene* e subire tutti gli effetti della fuga?

P. No, infatti, anche se poi di fatto penso che... penso che la fuga sia in qualche modo anche un atto di coraggio perché...

T. Uuh, questa... permettimi...

P. No, ma è vero.

T. E correggimi se sbaglio. L'hai detto tu stessa, vero?... Questa è la giustificazione che si danno coloro che non sono *degni né di una vita né di una morte eroica...* Devo aggiungere ancora qualcosa o hai già visto la strada che devi percorrere?

P. Ahimè! Sì.

T. Ahimè, sì! Ok.

Grafico riassuntivo della sequenza di questo dialogo strategico

PROBLEMA
« trovare più decisione nel cambiare lavoro »

Illusione di alternative — *DOMANDA* — Illusione di alternative
Illusione di alternative — *DOMANDA* — Illusione di alternative

RIASSUMERE PER RIDEFINIRE

Illusione di alternative — *DOMANDA* — Illusione di alternative
Illusione di alternative — *DOMANDA* — Illusione di alternative

RIASSUMERE PER RIDEFINIRE

Illusione di alternative — *DOMANDA* — Illusione di alternative
Illusione di alternative — *DOMANDA* — Illusione di alternative

PARAFRASI RISTRUTTURANTE

DOMANDA
'SCENARIO OLTRE IL PROBLEMA'

Illusione di alternative — *DOMANDA* — Illusione di alternative
Illusione di alternative — *DOMANDA* — Illusione di alternative

PARAFRASI RISTRUTTURANTE

Illusione di alternative — *DOMANDA* — Illusione di alternative
Illusione di alternative — *DOMANDA* — Illusione di alternative
Illusione di alternative — *DOMANDA* — Illusione di alternative

PARAFRASI RISTRUTTURANTE

EVOCARE SENSAZIONI

PRESCRIVERE
COME SCOPERTA CONGIUNTA
DI CIÒ CHE FARÀ CAMBIARE

ILLUSIONE DI ALTERNATIVE
PER NEUTRALIZZARE
LA RESISTENZA

⇓

SOLUZIONE

Caso III: Vomiting

Faccio un esempio di intervento con una specialista dei disordini alimentari.

Come spesso accade, le persone giungono al Centro di Terapia Strategica di Arezzo come «ultima spiaggia» e dopo che il problema si è aggravato e complicato nel tempo, anche grazie a interventi terapeutici inadeguati.

Le trappole connesse a un rapporto difficile con il cibo sono numerose e varie, e la nostra paziente è riuscita a cadere in gran parte di esse; l'ultima è la demoniaca trappola del *vomiting*, la sindrome del mangiare *per* vomitare.

In questo caso specifico, la terapia è stata condotta «in tandem» da Giorgio Nardone e Simona De Antoniis. Ciò che segue è un ottimo esempio che illustra come il dialogo strategico può coinvolgere non solo il singolo individuo, ma anche la famiglia.

Definizione del problema

Coterapeuta Qual è il problema che vi porta qui oggi?

Paziente Io da quel libro ho preso lo spunto...

C. Sì?

P. «Al di là...»

C. Al di là dell'odio e dell'amore per il cibo.

P. Perché sono tanti anni che... che soffro di anoressia. Cioè, prima ero un po' dimagrita, ero undici chili meno di adesso...

Terapeuta Uhm.

P. Poi sono andata in psicoterapia. Una psicologa che, devo dire, mi ha aiutato abbastanza, però a livello 'psicologico'. Per tutto quello che riguarda... le cose pratiche, su quello cioè... sul mio *dubbio* del cibo... cioè... è tutto rimasto...

C. Ok. Quindi avete parlato?

P. Sì.

C. Questo tipo di lavoro che tu hai fatto con la psicologa consisteva nel parlare, esprimersi o ti ha dato anche dei compiti precisi?

P. No: parlare ed esprimersi.

C. Ok.

Madre All'inizio i compiti a noi. Magari di pesarla ogni tre giorni, queste cose così!

Padre Dava i compiti a me e a lei.

T. E che compiti ha dato a voi?

M. Di non starle addosso con il fatto del cibo. Di lasciarla, come si dice... abbastanza 'libera', nel senso... sempre.

P. Io ho iniziato con la nutrizione meccanica, una nutrizionista e un'alimentazione meccanica...

T. Più o meno tutte cominciano così, non sei originale...! [*pausa*]
Ecco, poi la cosa si è evoluta, nel senso che hai cominciato a limitarti o a mangiare e vomitare?

Partire dopo per arrivare prima

P. Eh... sì!

T. «Eh... sì!»... Senti... Roberta, vero?

P. Sì.

T. Tu mangi e vomiti usualmente tutti i giorni o non sempre?

Sequenza di domande a 'imbuto' per focalizzare il modello disfunzionale di percezione e reazione

P. No, no. Prima era più... era più... succedeva più spesso, adesso molto di meno. Il problema è che se io mi tengo impegnata, io mi devo tenere ogni cinque minuti della mia vita impegnati, non ci penso e va bene. Se cinque minuti della mia vita sto seduta su una sedia...

T. Come ti rilassi... parte il raptus!

P. Sì.

T. E cominci ad avere prima la fase di fantasia...

Ridefinire per ristrutturare

P. Sì.

T. ...poi una sorta di carica, di carica... finché devi finire sul cibo, a mangiare, mangiare, mangiare... e poi... vomitare.

Tecnica dell'anticipazione

P. Sì.

T. Ok. Quando lo fai, lo fai una volta sola questo processo, o lo ripeti?

Indagine focalizzata su 'come funziona' il problema: la sequenza temporale

P. In un giorno?

T. Sì.

P. In una giornata? Ripetutamente.

T. 'Ripetutamente', ok. Quindi più abbuffate e vomitate.

Passo dopo passo ridefinizione delle scoperte guidate

P. Sì.

T. Sono consecutive o con intervalli di tempo?

P. Consecutive. O anche... dipende.

T. I tuoi incontri con questa dimensione avvengono di solito fuori dai pasti, con rituali che tu ti costruisci, o nei pasti?

Indagine focalizzata su 'come funziona' il problema: le modalità

P. Fuori dai pasti.

T. Quindi, tu hai dei pasti regolari...

Riassumere per ridefinire

P. Sì.

T. Controllatissimi...

P. Controllatissimi.

T. Ma al di fuori...

P. È un macello!

T. È un macello... La roba da mangiare e da

vomitare te la procuri da sola, o te la procurano loro?

P. No. Non me la procurano loro...! Cioè quello che trovo, qualsiasi cosa, non è che c'ho un... no. Non vado... non esco, compro... no!

M. Io non faccio più dolci, più niente...!

P. Sì, però è uguale!

T. È uguale... Cosa mangi di solito?

P. Qualsiasi cosa! Cioè, non...

T. Quello che trovi!

P. Quello che trovo, non è che ho preferenze! Prima era più i dolci, adesso non...

Indagine focalizzata su 'come funziona' il problema: la qualità del cibo

T. Ok, Roberta, te la prepari, nel senso che cucini, oppure mangi quello che trovi già pronto?

P. Delle volte sì, dipende...! Delle volte sì...

T. Dipende da come ti *prende*!

P. Sì.

T. Ti cucini la pasta, ti fai le cose...

P. Non cose elaboratissime, eh?!

T. Basta riempirsi!! Tanto quello che piace è: riempirsi e svuotarsi... riempirsi e svuotarsi...

Evocare sensazioni

P. [*annuisce*]

T. Ok? Bene.

[*ai genitori*] E voi, in questo momento, lasciate che tutto vada da sé o cercate d'intervenire in qualche modo?

Indagine sulle tentate soluzioni familiari

M. No, ultimamente lei... cioè, fa un lavoro così, in un call center, no? E sta molto tempo fuori casa! Sicché... penso che lo faccia più fuori casa attualmente.

P. No, io non lo faccio mai fuori casa!

Padre Diciamo che adesso lasciamo stare perché non è la frequenza... in passato eravamo più... Adesso, o forse anche lei... cerca di dare più ascolto...

P. Ma non è tanto la... No, ma... – a parte quello – non è tanto la cosa del... È proprio non trovarmi a mio agio... cioè a dire «voglio mangiare questo. Lo faccio!» Non trovarmi proprio a mio agio con il cibo, per niente!
Cioè, da quando ho iniziato l'alimentazione meccanica sembra che tutto quello che devo mangiare è quello che mi hanno dato... e non di più... e non di diverso.

T. E se vai oltre quello, devi mangiare e vomitare.

P. Sì.

T. ...tanto hai perso il controllo!

Aggiungere per cambiare

P. O non lo faccio. Cioè: o non lo faccio proprio...

T. Però se perdi il controllo, poi... vomiti.

P. Se perdo il controllo, sì. Lo faccio raramente, adesso ultimamente qualcosa in più riesco a...

T. Ok, Roberta, però tu hai detto prima che di solito ti costruisci i tuoi momenti, quindi non sono proprio perdite di controllo, sono cose ricercate...! Se non vado errato, vero?

Tornare ai punti toccati: 'lineare contro circolare'

P. Sì, cioè... emh... non lo so! Cioè non... riesco a capire se sono così. Non lo so neanche io perché...

T. Ok. Cos'è quel libro che ti ha fatto decidere di venire qui?

P. È per il tipo di terapia che... cioè *fa*! Il fatto soprattutto che, per risolvere determinati problemi non bisogna guardare le cause per cui sono avvenuti, ma più che altro guardare... cioè quello che bisogna fare, risolvere al momento, senza...

T. Ti sei ritrovata in qualcuna delle immagini descritte?

P. C'era una ragazza...

T. Ok...

P. Sì, ma non... Precisamente... cioè un po' di una... Non è che mi sono focalizzata su una persona sola, ho preso qualche spunto...

T. Ok, bene. Se noi dovessimo, in una scala da 1 a 10, misurare quanto sei motivata a venirne fuori, che punteggio ti dai?

Diffidare per mobilitare e motivare

P. Dieci!

T. Sicura?

P. Sì.

T. Guarda che ti metto alla prova...!

P. Sono tanti anni...! Cioè, forza di volontà ne ho. Devo ammettere che tante volte sono... non 'impaurita', però... non lo so, è come se... boh! È come se una parte di me comunque è frenata, anche se poi la forza di volontà è quella di uscire, però c'è sempre un qualcosa... Umh... 'diavolo tentatore', io lo chiamo...

T. È un *demone*... che ti travolge!

Incutere timore ed evocare sensazioni con immagini metaforiche

P. Uh.

T. La tentazione...

P. Sì.

T. Bene. È per questo che ti dico che dubito del tuo 10...

P. Infatti... No, io parlo come forza... cioè come... Perché secondo me una ha una doppia personalità, quand'è così! Quando io riesco a essere lucida, riesco a parlare dei miei problemi e a dire le cose come stanno...

T. Ti dai solo due possibilità di personalità?

'Intorbidire le acque per far venire a galla i pesci'

P. No!

T. Ti riduci a due? Solo due?!

P. No. Nel senso che c'è una parte di me che riesce a focalizzare tutto in maniera lucida, poi dopo però, allo stesso tempo...

T. Ti parte!

P. Sì.

T. Quando parte quella dimensione, quella dimensione è un'altra dimensione... il Dottor Jekyll e Mr. Hyde... e poi c'è altro!

P. Poi penso... per esempio, ultimamente col fatto che comunque è... è da tanto che non vomito. Cioè io vomito, adesso come adesso raramente, proprio perché comunque mi impegno ogni minuto della mia giornata. Poi loro lo sanno. Io sabato e domenica vado al mare, da lunedì a venerdì lavoro a Roma, abito in provincia, quindi...

T. Ma loro però sono diffidenti! Loro hanno detto: «Forse lo fa fuori»...

'Intorbidire le acque per far venire a galla i pesci'

P. No. Invece io non lo faccio mai fuori.

Padre Forse quando noi ci assentiamo... La lasciamo sola a casa...

P. Io non lo faccio mai fuori casa... mai!

M. Quando ci assentiamo, perché ultimamente io, quando sono io presente non mi è sembrato di averla... Prima me ne accorgevo... può darsi pure che sia diventata più furba!

T. E per farlo bene bisogna farlo di nascosto. È più 'bello'... dico bene? *Evocare sensazioni*

P. Anche la psicoterapeuta che... mi ha detto che se lo devo fare, lo devo fare di nascosto, che loro non devono vedere.

T. Ah! ...eh be'... è un modo per perfezionarsi!! *Ironizzare per esorcizzare*

Ok. La famiglia è tutta qui o ci sono altri membri?

P. C'è un fratello!

T. Più piccolo o più grande?

P. Più piccolo. Ha vent'anni, io ne ho ventisei, lui ne ha venti.

T. Ok. Lui interviene in qualche modo o se ne tiene fuori?

[*pausa*] [*sguardi interrogativi tra madre e figlia*]

M. Che dici??

P. Oddio! È strano, eh...! Pure mio fratello è strano!

M. Adesso è militare... ci sta pure poco!

T. Bene.

M. Però prima s'è tenuto abbastanza distaccato. Non l'ha mai compatita... non l'ha mai... L'ha presa sempre con distacco, l'ha presa.

P. È una persona un po' chiusa... mio fratello. Quindi non sai mai quello che pensa, non sai mai... Magari soffrirà cento volte più degli altri, però si fa sempre vedere... ligio al dovere.

Padre Però... la sofferenza... La situazione sua la *soffriva*!

'Doppio legame' terapeutico

T. Tu hai detto che sei motivata a venirne fuori, vero?

P. Sì.

T. Allora noi vorremmo misurare quanto lo sei 'davvero' e lo faremo nel nostro stile, dandoti delle indicazioni precise, che ci permetteranno di vedere quanto sei una trasgressiva 'pentita' o quanto sei una trasgressiva 'compiaciuta'. Dobbiamo capirlo.

Stratagemma dello stratagemma svelato

[*ai genitori*] Queste indicazioni dovremmo darle solo a lei, però per voi vale un'indicazione importante, che da qui a quando ci rivedremo qualunque cosa lei faccia o non faccia voi dovrete osservare senza intervenire...

Padre Cosa che stiamo facendo.

T. ...come già state facendo: *'osservare senza intervenire'*...

M. Senza far le facce tristi... facce allegre...

T. ...così come dovrete *'evitare di parlare del problema'*. È tutto suo.

M. Mai, non ne parliamo mai. È lei che lo intavola certe volte...!

P. Prima, all'inizio era diventato un po' al centro della... poi adesso, invece...

Padre Perché il problema era che lei in sostanza era arrivata anche a un peso pericoloso e in quel momento...

T. Certo. Certo...

[*alla paziente*] Ma quella era l'altra fase, vero? Quella era la fase *astinente*. Ora in questa fase di solito i rischi non ci sono.

P. Il problema grosso era la fase di pericolo e noi eravamo proprio 'zero'...

P. Non è una cosa... cioè, si passa così, o dall'astinenza... o da...

T. Uh. Senti... Sant'Agostino – l'hai letto, no? – che scriveva: «*È più facile l'astinenza che la moderazione*». O l'astinenza, o la perdita di controllo. *Citazione dei 'grandi'*

P. È vero.

M. Una via di mezzo...

P. Non c'è la via di mezzo!

T. [*ai genitori*] Allora. Se vi volete accomodare, poi vi salutiamo.

M. Va bene!

Padre Grazie.

[*i genitori escono*]

T. Una cosa che però nel libro non è scritta – ok? – è il fatto che qui si fanno interventi brevi, focali. Quindi noi ti daremo solo dieci sedute di tempo... *Evocare sensazioni* *Incutere timore*

P. Dopodiché... [*ride*]

T. Se non vediamo alcun cambiamento ti molliamo. Nel senso che se non riusciamo a vedere un cambiamento in dieci sedute vuol dire che il nostro metodo non funziona, e non vogliamo diventare complici del tuo problema se non siamo in grado di aiutarti a risolverlo.

P. D'accordo... giusto.

T. Tu hai letto che la terapia procede con delle indicazioni che vengono date, delle *prescrizioni.* Queste possono apparire banali, illogiche, grottesche...

P. No... le ho viste!

T. ...vanno eseguite alla lettera, d'accordo? Ora, prima ti ho fatto una domanda, chiedendoti un punteggio da zero a dieci, su quanto tu fossi motivata a venirne fuori. Tu hai detto 'dieci'... adesso ce lo dovrai dimostrare!

P. Ok... [*annuendo*]

T. E io ti ho anche detto che sono piuttosto diffidente perché, avendo conosciuto tante, tante, tante tipine come te... – come tu hai detto – so bene che c'è uno *scarto*...

P. *C'è* lo scarto, è vero!

T. ...tra la volontà...

P. ...e quello che riesci a fare.

T. ...e una certa reazione epidermica, travolgente che ti viene, uh?

P. Sì, lo so.

U. Quindi, però lasciami riassumere, se non abbiamo capito male. Correggimi. Tu hai iniziato tanti anni fa con una fase anoressica astinente, poi...

P. Uhm... cioè... io poi, adesso che sono passati tanti anni, vedo tutto con un po' di confusione...

T. Certo!

P. Cioè... non ho una visione precisa di quello che...

T. Ok. Lasciami riassumere...

P. Ah, ok.

T. Hai cominciato con la dieta meccanica,

Riassumere per definire

poi hai cominciato a restringere, poi hai cominciato a vomitare. Hai scoperto che potevi fare qualcosa di tecnologicamente più evoluto: mangiare e vomitare. La cosa gradatamente è diventata un piacere, ti ha preso, ti ha preso, ti ha preso... Ultimamente, a quanto pare t'impegni, stai fuori, e riesci a farlo meno, però quando hai spazio libero... ci finisci dentro. Dico bene?

P. Sì.

T. Quindi in questo momento riesci a evitare di farlo un po' di volte semplicemente perché ti tieni come Vittorio Alfieri legato a una sedia, facendo le cose non puoi farlo, ma se tu avessi un po' di tempo a disposizione... lo faresti.

Immagine ristrutturante

Evocare sensazioni per trasformare la percezione da libertà di azione a schiavitù

P. ...Lo farei. Sì.

T. E lo faresti esattamente come prima, dico bene?

P. Ho notato che ultimamente, rispetto a prima, diminuiscono le abbuffate. Nel senso: meno roba, meno volte...

T. Uhm!

P. Poi, mentre prima avevo proprio 'fame'... adesso non lo faccio più per fame! Non lo so perché! Forse perché è diventata una cosa... è un'*abitudine*, non lo so! E... a casa mia!

T. Certo. Ci vuole un luogo preciso per farlo bene. Ok?

Evocare sensazioni

P. Sì... Non lo farei in un altro modo!

T. Allora, adesso per vedere se sei una *compiaciuta* o una *pentita* ti diamo un compi-

'Il segreto è che non ci sono segreti'

to un po' particolare da farti fare, che ti suggerisce la dottoressa...

C. Il compito un po' particolare è questo: noi ti chiediamo di mangiare come e quando vuoi, di abbuffarti fino a quando proprio ti senti appagata. Mangia... mangia... mangia... fino a quando ti senti proprio piena. In *quel* momento... ti interrompi. Quando ti senti proprio bene... bene... bene... che proprio non ce la fai più... in *quel* momento, ti fermi e un'ora dopo vai a vomitare.

Prescrizione: tecnica dell'intervallo

Quindi, noi ti chiediamo di continuare a fare le tue abbuffate – come hai sempre fatto, come e quando piace a te – mangia fino a sentirti piena... bene... bene... bene... Quando senti proprio che è il momento in cui ti verrebbe da andare a vomitare... aspetta. Un intervallo di un'ora. Poi, vai a vomitare... D'accordo?

P. Devo vomitare per forza?! [*ride*] Perché sto male...!

T. Stiamo dicendo '*puoi non farlo*'.

P. Certo...

T. Però sappiamo che tu ora riesci a non farlo perché t'impegni. Ok?

Immagine ristrutturante

Come Ulisse legato sulla nave... si fa legare per non cedere al richiamo delle sirene.

P. Perché io comunque nel lavoro sto tutto il giorno fuori, quindi non... non ci penso neanche!

T. Ok. Quindi '*puoi non farlo*' se non ti viene. Ma tutte le volte che ti vien voglia di farlo, noi ti diciamo: fallo come ti viene, senza alcuna restrizione. Quando però hai mangiato... mangiato... mangiato... Quando arrivi proprio a scoppiare che vorresti correre a vomitare...

P. Devo aspettare un'ora.

T. ...guarda l'orologio, aspetta un'ora. Né un minuto dopo, né un minuto prima. L'ora esatta, corri a vomitare. Ti è chiaro?

P. Quando ho necessità di vomitare, se non ce l'ho non lo devo fare!

T. Certo. Non è 'obbligatorio'. Noi ti lasciamo libera di organizzarti la vita. Però ogniqualvolta mangi per vomitare, mangia quanto vuoi – ok? – ma... vomiti un'ora dopo. Né un minuto prima, né un minuto dopo. E, mi raccomando, in *quell'ora* devi evitare di mettere qualunque altra cosa dentro di te.

P. Cioè: devo aspettare un'ora, poi vomitare.

T. Ok...

P. ...se ne sento il bisogno.

T. ...senza né mangiare né bere, dopo.

P. Ah! Non devo fare niente in quell'ora...

T. Un'ora dopo! Esatto: aspetti e, dopo *un'ora*, vai a vomitare.

P. Però, cioè... una cosa... Uno deve sentire la sensazione se sta a casa, e va be'. Però... ultimamente mi è capitato – infatti il dottore mi ha dato delle punture da fare – non lo so se magari è una conseguenza del fatto che magari io non mi *sfogo* in 'quel' modo e devo trovare un altro modo per sfogarmi...! Ho tipo... attacchi di panico: che sto male, mi si abbassa la pressione, mi sento che mi manca il respiro, mi gira la testa...

T. Sono attacchi di panico o... c'è qualcosa che ha a che vedere con il tuo stato fisico, secondo te?... O entrambe le cose?

Evitamento dello spostamento del focus della terapia

P. Cioè... il dottore che mi ha visitato mi ha detto che è una cosa... è la stanchezza, lo stress, il nervoso! ...sono i nervi...

T. Ah... ok!! Ok, ti ha dato delle medicine?

P. ...il Samir?

T. Ok...

P. Mi ha dato il Samir che, devo essere sincera, mi ha fatto bene!

T. Be'... è un ricostituente, quindi lo credo...! Quindi, ti ricordi la prescrizione?

P. Sì. Devo mangiare – magari mi abbuffo un'altra volta – aspettare un'ora, e poi vomitare.

T. Uhm! E poi un'altra piccola cosa... questa forse ti farà sentire un pochettino più a rischio, ok? Io vorrei che tu inserissi ogni giorno nella tua routine alimentare una piccolissima, piacevole, trasgressione.

P. [*pausa*] Eh, ma la trasgressione per me... infatti io, 'sta cosa... io... a me però la... cioè io... ci provo a dire: «Qual è la cosa che mi piace... che un giorno mangio...?!» Ma il mio trasgredire... la cosa che posso mangiare io... cioè poi non riesco a scegliere, c'è proprio una difficoltà nella scelta!

T. Lo credo, perché ti sei talmente abituata che ormai tutto è meccanico. Ma sai, noi costruiamo le nostre abitudini, poi le abitudini costruiscono noi. Si tratta di sovvertire questa cosa.

Prescrivere come 'scoperta congiunta'

Ti dico di scegliere una piccola cosa che potrebbe piacerti, e scopri se ti piace o no. Ma una piccola al giorno... d'accordo?

P. Ok.

T. Quindi ti abbiamo dato due compiti, ok?

Grafico riassuntivo della sequenza di questo dialogo strategico

PROBLEMA
« mangio e vomito »

Illusione di alternative — *DOMANDA* — Illusione di alternative

RIDEFINIRE PER RISTRUTTURARE

Illusione di alternative — *DOMANDA* — Illusione di alternative

Illusione di alternative — *DOMANDA* — Illusione di alternative

Illusione di alternative — *DOMANDA* — Illusione di alternative

RIASSUMERE PER RIDEFINIRE

Illusione di alternative — *DOMANDA* — Illusione di alternative

Illusione di alternative — *DOMANDA* — Illusione di alternative

Illusione di alternative — *DOMANDA* — Illusione di alternative

EVOCARE SENSAZIONI

Illusione di alternative — *DOMANDA* — Illusione di alternative

DOMANDA
DOPPIO LEGAME

PRESCRIZIONI
FAMILIARI

RIASSUMERE PER RIDEFINIRE

PRESCRIVERE
COME SCOPERTA CONGIUNTA
DI CIÒ CHE FARÀ CAMBIARE
Intervallo di un'ora tra mangiare e vomitare
e
una piccola trasgressione alimentare
⇓
SOLUZIONE

Dopo un mese, presso il Centro di Terapia Breve Strategica di Arezzo, si svolge la quarta seduta con la paziente, di cui riportiamo la trascrizione.

In questo lasso di tempo la paziente è stata seguita dalla coterapeuta, un mese durante il quale racconta di essere stata «libera» dal vomito, riuscendo anche a rimanere in casa senza mai cadere nella tentazione di mangiare e vomitare.

Terapeuta Ragguagliami sulla situazione. Ovviamente io ho un po' di informazioni da lei, ma voglio averle da te.

Paziente Bene! Cioè... per me va bene, perché non ho più vomitato!

T. Non hai più vomitato?

P. No.

T. Wow!

P. Sono stata a casa...! Cioè, avevo un attimo... ero un po'... vabbè, comunque continuavo, per casa mi agitavo... Però riuscivo a controllarmi tranquillamente. Non c'avevo quella cosa, dico: 'No!' Riuscivo a controllarmi...!

T. Wow, come si spiega tutto questo?

P. Non lo so! [*ride*]
Non lo so che mi è... Poi ho notato che mi riesce anche di mangiare più tranquillamente...!

T. Sì??

P. Sì! Cioè, sono andata anche a un matrimonio, ho mangiato – gliel'ho detto anche alla dottoressa – cioè, non mi sento più tanto... anche se poi mi guardo davanti allo specchio, un po' magari mi sento ingrassata... però mi passa, cioè cerco di farmela passare. È molto più facile rispetto a prima.

T. Ok. Le persone intorno a te come hanno reagito a questo cambiamento? Se ne sono accorte prima di tutto, oppure no?

P. Sì, ma fanno finta di niente...! Cioè, non danno importanza alla cosa. Anche perché a casa comunque io rimango sempre uguale, non è che...

T. E questa cosa, cosa cambia nella tua vita?

P. Sono più sicura. Non sono più... ho acquistato sicurezza!

T. Quindi potremmo dire che non ti senti più quella che *perde il controllo* con poco!?

P. Sì! Cioè, no, no! Mi riesco molto più a controllare!

T. Ok. Ma tu non hai più vomitato e... hai ristretto con il cibo, oppure ti sei concessa le cose come avevamo detto?

P. Sì, mi sono concessa e... soprattutto a colazione – gliel'ho detto alla dottoressa – a cena... A pranzo un po' di meno perché non... ho poco tempo a pranzo, non posso pranzare tranquillamente.

T. Quindi, non puoi gustarti delle cose buone!

P. No, perché alle due, due e mezzo stacco da una parte e riattacco dall'altra...

T. Ti fai un bel po' di salti...

P. Sì, non ho... non ho proprio tempo di... invece a colazione e cena, che sto a casa...

T. Allora ti prendi cura di te.

P. Sì. Ho più tempo!

T. Bene. Hai cercato di mangiare '*solo e soltanto ciò che ti piace di più*'?

P. Ho mangiato cose che prima non avrei mai mangiato: il cornetto con la crema... la pizzetta riscaldata con prosciutto e mozzarella...

T. Oh! ...senza avere la tentazione di andare a vomitare?!

P. Sono andata a un matrimonio... mi sono mangiata una fetta e mezzo di torta... No! No...!

T. Ma in quel caso ti sei trattenuta o... proprio non ne avevi voglia?

P. No. Cioè... lì per lì ho detto: 'Adesso vado al matrimonio, sicuramente a cena mi creerò un sacco di problemi...' Era il matrimonio della mia migliore amica! Invece mi sono messa seduta, ho iniziato a mangiare e... è andato! Non ci ho fatto caso! È sembrato quasi... naturale...!

T. Uhm...! Bene. Senti... quindi, in questo momento quella sorta di *demone-amante segreto*...

P. Scomparso.

T. ... lo abbiamo chiuso nella segreta del tuo castello?

P. Sì. Anche se poi ho dei momenti... però riesco a controllarli. Se prima non riuscivo a controllarli, adesso sì.

T. Quindi, in questo caso, se noi dovessimo darci un voto in una scala da zero a dieci; *zero* quando ci siamo conosciuti – poco tempo fa – *dieci* quando potresti dire:

'Ho risolto i miei problemi'. Che voto ti daresti?

P. Risolto i miei problemi al cento per cento, no. Però per quello che sono riuscita a fare in un mese... sette me lo darei...!

T. Sette!? Molto bene. Anch'io sono d'accordo con te, direi che...

P. Non me lo sarei mai aspettato!

T. Davvero?

P. Uh, uhm... mai! Non... proprio... per me era... Poi cambio proprio a livello... diventi diversa.

T. 'Diventi diversa'... che significa?

P. Perché ne puoi parlare della sofferenza, quando non la vivi.

T. Perché ti senti distaccata?

P. Sì.

T. Ok.

P. Quindi ne parli... e poi riesci a vedere tutto in maniera diversa... sei più solare...

T. Bene.

P. ...ti piace quello che fai... mentre prima, magari... Ti guardi allo specchio... un pochino ti piaci rispetto a prima...!

T. Ok.

P. Tutto diverso!

T. Bene. Bene, Roberta... io aggiungo solo una cosa, poi sarà la dottoressa ad aggiungere le altre cose nei vostri incontri successivi. La cosa importante è che tu continui a coltivare il piacere di mangiare '*solo e soltanto ciò che ti piace di più*', nel modo che ti piace di più.

Prescrizione conclusiva

Questo è il modo per concederti un piacere e per questo poter rinunciare al resto. Quando non te lo concedevi era irrinunciabile il resto... D'accordo?

P. [*annuisce*]

T. Adesso dobbiamo passare da sette a dieci, però con calma, senza fretta. La cosa più importante era interrompere quel circolo vizioso.

Ora questi tre punti, da sette a dieci, dovremmo farli più lentamente. Ok? Bene.

Caso IV*: Attacchi di panico*

Il caso che andiamo a presentare è un caso di terapia evoluta condotta da Giorgio Nardone e Simona De Antoniis presso il Centro di Terapia Strategica di Arezzo.

Abbiamo scelto proprio questo caso – tra le centinaia e centinaia di casi di panico risolti con successo presso il nostro istituto – poiché è un caso clinico al tempo stesso esemplare e originale. «Esemplare» poiché lo specifico protocollo di trattamento del panico dispiega la sua efficacia; «originale» poiché il percorso terapeutico ha richiesto uno specifico adattamento, ovvero il coinvolgimento della coppia, piuttosto che solo dell'individuo.

Si presenta in seduta, accompagnato dalla moglie, un uomo di circa quarant'anni, padre di due bambine. Da tredici anni l'uomo soffre di attacchi di panico e di agorafobia, conduce una vita completamente condizionata e limitata dal suo problema. Tutto intento all'ascolto del proprio corpo, il paziente, nel tentativo di ridurre le sensazioni minacciose, va invece a innescare l'*escalation* del panico. L'indagine sulle «tentate soluzioni» ci dice che il paziente, da tredici anni a questa parte, affronta il problema grazie all'aiuto della moglie e grazie alla pianificazione di una vita totalmente limitata e protetta. In questo caso, dunque, attacchi di panico e agorafobia persistono sulla base di un radicato evitamento e di una totale richiesta d'aiuto, tentate soluzioni attraverso le quali di volta in volta quest'uomo conferma a se stesso la propria incapacità. Ancora una volta, il problema si complica proprio in virtù di ciò che viene fatto per tentare di risolverlo.

Sin dalla prima seduta, ci si focalizzerà soprattutto sulla rottura della dipendenza, in modo da indurre la persona a scoprire le proprie risorse.

La rottura delle tentate soluzioni familiari e la nuova interazione di coppia porteranno il paziente a ricostruire le sue capacità personali, sociali e professionali, fino a ora bloccate dal problema; l'autonomia rispetto a tutta l'organizzazione familiare e, soprattutto, l'esclusivo affidamento a se stesso per costruire il proprio equilibrio e la propria sicurezza.

Coterapeuta Qual è il problema che vi porta qui?

Paziente Sono io il problema! Da tredici anni soffro di attacchi di panico, questo è il problema, che si è evoluto in varie... in vari... tipi di attacchi... Cioè, in effetti per un periodo ho avuto paura di... altre cose, per un periodo avevo paura di una cosa diversa, ma il risultato è sempre quello: attacchi di panico. Fuggire dal posto dove si sta... i classici attacchi di panico.

Terapeuta Uh uh! Ecco, ma... puoi iniziare?

C. Concretamente cosa le succede?

P. Concretamente mi succede che mi viene una forte agitazione.

Definizione del problema

T. Uh.

P. Una forte agitazione...

C. Tachicardia, sudorazione...?

Tecnica dell'anticipazione

P. Sì... in effetti, ultimamente ad esempio, la testa me la sento leggera... questo e...

T. Che vuole dire con «la testa leggera»?

'Il saggio si finge stupido'

P. Che vuole dire...

T. Come se volasse la testa?

P. Come se...

T. Si stacca dal corpo e vola?

P. No!

T. Ah!

P. Però... come se volasse, come se avessi un capogiro.

T. Ah, ok.

P. E paura di questo capogiro e, che dire...

Moglie ...che possa succedere qualcosa di più!

T. Ok, ok. Ma la paura è: paura che succeda qualcosa per cui muore di colpo, si sente male, oppure...

Sequenza di domande a 'imbuto' per focalizzare il modello di percezione e reazione

P. Sì, proprio che posso morire!

T. ...oppure la paura è paura di perdere il controllo e impazzire, qual è la paura nel momento in cui lei ha gli attacchi di panico?

P. No, più che impazzire è paura che posso avere qualcosa, che posso...

T. Morire.

P. Morire.

T. Ok, molto bene. Bene, e... in queste fasi in cui entra in questo tunnel...

P. Sì...

T. Prima di avere l'attacco, ok? Sono di solito in situazioni che si possono prevedere o può accadere dovunque, in situazioni imprevedibili?

P. Mah, ultimamente mi accade quando devo affrontare qualcosa!

T. Uh... facciamo un esempio?

P. Un esempio... un esempio... [*guarda la moglie*]

M. Per esempio in ufficio.

P. In ufficio: noi abbiamo un'agenzia di pratiche automobilistiche, la mattina bisogna andare alla motorizzazione, all'ufficio registri, a fare delle pratiche...

T. Sì.

P. Ultimamente non riesco ad andare in questi uffici perché mi viene una forte agitazione!

T. In quel caso, in quel caso quindi, se non vado errato, è la paura di esporsi?

P. Sì.

T. Del confronto? O è la paura di essere in un ufficio chiuso? Qual è la paura?

P. Paura... che mi posso sentire male!

T. Ma in quel caso ciò che spaventa è il confronto con le persone o dover star lì ad aspettare senza poter andarsene... Qual è? [*gesto*]

P. Forse tutt'e due le cose!

T. E tendenzialmente le cose che la spaventano, le situazioni che la spaventano, le evita o le affronta?

Sequenza di domande a 'imbuto' per focalizzare le tentate soluzioni disfunzionali

M. Le sta evitando...!

P. Io ultimamente le sto evitando, però devo dire questo: tutte le volte che le ho affrontate e superate...

T. Uh...?

P. Sto una bellezza. Sto proprio bene!

C. Ci credo...!

[*Risate*]

P. Mi vien voglia di andar nuovamente in quel posto, di riaffrontarle per...

T. Però al tempo stesso le evita...

Parafrasi ristrutturante: riassumere per ridefinire

P. Sì, ultimamente sì! Non riesco.

T. Quindi – se non ho capito male – lei è una persona che ha questi attacchi che sono connotati dal terrore di avere una sorta di scarica elettrica che la fa morire.

P. Sì, in effetti... sì!

T. E avviene in determinate situazioni che lei scopre, e una volta che ha scoperto quelle situazioni tende a evitarle...

P. Sì.

T. Anche se sa che se le affronta e ha successo, dopo... sta veramente bene.

P. Sì.

T. È più la tendenza a evitare le situazioni o è più la tendenza a farsi aiutare, che so, a farsi accompagnare... da lei... qual è?

Focus sulla richiesta d'aiuto che mantiene il problema

P. Ehm... ma forse 'farmi accompagnare da lei'...

T. Ok!

M. Però.

P. Però a volte...

M. Però, siccome io non sempre posso accompagnarlo, perché noi abbiamo due bambine...

T. Uh!

M. Eh... diciamo che noi abbiamo superato... cioè evitato questo problema, almeno nel campo del lavoro. Questi servizi li fa mio fratello, adesso!

P. Ha assunto il fratello per mandarlo in questi posti qui e io faccio altre cose.

T. Fantastico! ...vi siete organizzati bene, eh?

Ironia sulle tentate soluzioni familiari

[*Risate*]

P. L'individuo tende a crearsi il... il suo mondo per... Anche se non è vero, cioè per proteggermi, ma in effetti non è niente vero, anzi.

T. Uh...

P. Peggio! Perché ora appunto io lo so, capisco!

T. Ok, però dice: «Non sono in grado, e quindi, che devo fare?... Capisco, ma non sono in grado, e quindi sto ancora peggio!»

Usare la prima persona per dichiarare il 'punto di vista' dell'interlocutore

P. Cioè, in effetti ci sono dei... 'io riesco' ad affrontarli e sono stato anche un mese, un mese e mezzo bene... però dopo ricado un'altra volta, non riesco...

T. Ok!

P. ...a stare bene sempre. Questo è il problema.

T. Ok. Ecco. Prima di arrivare qui avete già tentato altre terapie, o no?

Indagine sulle precedenti terapie

P. Io ho fatto, in tredici anni, una sola seduta.

M. ...due!

P. Due sedute! Dal neurologo?! Giù a Salerno. Poi l'ho vista da Costanzo, ho letto il suo libro e mi sono convinto a venire da lei!

T. Ah, ok. Quindi in tredici anni non ha mai fatto terapie.

Ironia sui tentativi fallimentari di soluzione

P. No!

T. Si è solo organizzato!

P. ...sì!

T. Bravo!

[*Risate*]

T. ...si è organizzato così bene...!

M. Allora...

T. Prego!

M. Diciamo che... io non so, però... giusto per...

T. Uh!

M. Allora, tutto è cominciato, secondo me quando lui... eravamo fidanzati ed è partito per Milano...

P. A lavorare!

M. È lì, in effetti, che è cominciata la storia!

P. Eh! E lì è cominciata!

M. Lui è stato ricoverato con la pressione a duecento e il medico gli ha fatto notare che con questa pressione a duecento gli poteva venire un ictus. Tutto è partito da lì!

P. «Stai attento che ti viene un ictus, tra poco!»... e da lì è stata la morte...! È stato proprio...

M. Lì ha avuto il crollo... Diciamo che da quando è cominciata questa storia, adesso, i miglioramenti almeno io penso di averli visti. Perché prima chiudeva l'ufficio e veniva a casa, ora questo non lo fa. Cioè, se sta male e sta da solo, riesce... ehm, ad andare avanti, insomma.

P. Anche se non sto bene, eh! Adesso, tra parentesi...

T. Ok. Quindi, se è un luogo sicuro, come l'ufficio, e le viene paura riesce a controllarla...

Riassumere per ridefinire

P. Sì.

T. Però se va, come si dice, nelle situazioni che la spaventano... non riesce.

P. No. Non riesco, neanche se devo fare la

fila in qualche posto... anche se devo prendere un caffè al bar! Esatto: non riesco.

M. Allora, le faccio qualche esempio: siamo venuti qui, eravamo in anticipo, siamo andati in un negozio di giocattoli, dovevamo scegliere dei giocattoli.

T. Uhu...

M. Non li abbiamo scelti, abbiamo preso il primo a caso!

P. Gli ho fatto fretta, non ce la facevo! Eh, eh!

M. ...ce ne siamo andati e siamo venuti qua.

T. Ok. In quei momenti, quando dice «non ce la faccio», ok? Lei... è tutto riverso ad ascoltare il suo corpo, i suoi sintomi, oppure si sente osservato dagli altri?

Penetrare la percezione della paura attraverso domande che eliminano le ambiguità

P. No, no, sono preso... in questo momento, a sentirmi questa testa che va...

T. Quindi «fra le nuvole»... Metaforicamente lei è una sorta di marionetta rotta, con gli occhi rivolti in dentro: guarda sempre dentro.

Ristrutturare mediante l'immagine metaforica

P. Sì.

T. E chi cerca trova.

P. E chi cerca trova! Mi invento i mali... le extrasistole...

T. Bene.

P. ...questi sintomi che mi creano paura.

T. Allora, allora. Devo dire che quanto ci avete detto ci fa capire che è un caso di nostra competenza. Anzi, come ha sentito, e come ha letto è il tipo di problema che affrontiamo di più da tanti anni, quindi credo che abbiamo degli strumenti per aiutarvi molto rapidamente, ma non sappiamo quanto sarete in grado di seguirci nel trattamento. Lei ha letto il libro, ha visto che il trattamento si basa sul fatto che vengono prescritte delle cose da fare o da pensare che possono apparire il più delle volte banali o apparentemente illogiche, che però vanno eseguite alla lettera.

P. Sì.

T. D'accordo?

P. D'accordo!

T. L'altra regola è che noi ci diamo un tempo limitato: ci daremo solo dieci sedute e non una seduta di più, se non vediamo il risultato. Cosa significa: che se giunti alla decima seduta noi non avessimo visto alcun cambiamento interrompiamo, non vogliamo diventare complici del suo problema se non siamo in grado di aiutarla a risolverlo, però devo dirle che – come ha letto – su questa tipologia di problemi non succede quasi mai.

'Doppio legame terapeutico': dubitare per mobilitare

P. Sì!

T. Anzi, nella maggioranza dei casi il problema si risolve molto prima, però non so se sarà il suo caso... Vedremo...!

P. Speriamo!

T. Bene, bene. Allora. Vediamo se riusciremo a trasformare la marionetta rotta in una marionetta aggiustata, che guarda fuori invece che dentro. Ok? Abbiamo

Concordare l'obiettivo attraverso l'immagine metaforica

due compiti per lei. Uno glielo suggerisce la dottoressa, uno io.

P. Sì.

T. Intanto le do lo schema che serve per la spiegazione che le darà la dottoressa.

P. Sì.

C. Allora: quello che le stiamo per chiedere è di farci una vera e propria fotografia di quello che le accade in questi momenti critici. Nel momento preciso in cui lei sente che sta avendo questa reazione, che si sta sentendo male, in quel momento lei prende il foglietto e scrive quali sono le sensazioni.

Prescrizione: 'diario di bordo'

T. Lo schema ce l'ha già! Quello lo trascriverà in un taccuino, ok?

P. Sì: la data, luogo e persone, situazioni e pensieri... sintomi e reazioni.

T. Bene!

C. Sintomi e reazioni! Tutte quelle cose le scriverà precisamente nel momento in cui lei sente che sta avendo una crisi. Noi dovremmo avere una fotografia: non il momento successivo, perché sarebbe soltanto una ricostruzione.

P. Quando io sento che tra poco entrerò in panico. In quel momento...

T. Bene...

P. ...mi fermo e scrivo!

T. E scrive. La prima cosa che deve fare! In modo tale che noi tra due settimane avremo proprio l'immagine fotografica di tutti i momenti. Questo ci aiuterà a capire 'come funziona' e cosa dobbiamo fare per cambiarlo. Quindi quanto più è preciso, tanto più ci aiuta ad aiutarla.

M. Chiedo scusa, nel caso dovesse avvenire... faccio un esempio, in ufficio, ed è solo e c'è un cliente...

T. Dice: «Scusi, devo annotare una cosa per lavoro...!» Inventa! Che ne sa il cliente di cosa sta facendo?... scusi!

P. Certo!

T. Lei si prepara un bel taccuino, noi lo chiamiamo *'diario di bordo'*. Lo tenga sempre con sé, in tasca, pronto all'uso: «...Mi scusi sa, devo annotare una cosa, se no me la dimentico...!» Sa, io lo faccio sempre, dico: «Oh, devo annotare, se no me lo dimentico...!»

P. ...e annoto!

T. E annota sul momento esatto. Bene.

P. Sì.

T. Allora, l'altra cosa importante che riguarda tutt'e due è che di qui a quando vi rivediamo rispetto a questo problema dovete assumere quella che noi chiamiamo *'congiura del silenzio'*, ovvero cominciare a pensare che più se ne parla, più si alimenta la paura.

Prescrizioni familiari:

'congiura del silenzio'

e

'osservare senza intervenire'

La paura è una di quelle forme di nostra costruzione della quale parlare non solo non fa bene, ma la fa aumentare. Invece la maggioranza delle persone pensa che più parli... parli... più ti scarichi. Invece è come mettere un fertilizzante speciale in una pianta: la si fa crescere in maniera

ta. Quindi dovete assumere la *'con-*
el silenzio', d'accordo?

n parlarne!

Evitare di parlarne.

T. Evitare di parlarne.

M. Cioè, se io mi rendo conto...

T. Avere *paura* di parlarne. Se ne parlate, l'alimentate.

M. Cioè, se io mi rendo conto che lui... eh, devo far finta di niente.

T. Ok, *'osservare senza intervenire'*. Brava, proprio così... d'accordo?
In più, voglio che lei si faccia una domanda tutti i giorni. La domanda è questa – so che è strana; se lei volesse volontariamente far *peggiorare* i suoi disturbi, invece di farli migliorare, come potrebbe fare? Cosa dovrebbe fare, cosa dovrebbe non fare... cosa dovrebbe pensare, cosa dovrebbe non pensare per far peggiorare i suoi sintomi?

Prescrizione: 'come peggiorare'; se vuoi drizzare una cosa, impara prima come storcerla di più

P. Cioè... io voglio che stia male!

T. Razionalmente, come potrebbe programmare un peggioramento? Cosa dovrebbe fare, cosa dovrebbe non fare? Cosa dovrebbe pensare, cosa dovrebbe non pensare per peggiorare volontariamente?

P. Me lo sta chiedendo?

T. Sì. È la domanda che si deve porre tutti i giorni e portarmi le risposte. La logica della domanda è: «Se vogliamo drizzare una cosa impariamo prima tutti i modi per storcerla di più».

P. Sì!

T. Ovviamente la domanda è teorica e le risposte saranno teoriche, è già stato abbastanza bravo a complicarsela, ok?

P. Sì.

T. Quindi solo risposte teoriche, ok?
Dunque: 'Come peggiorare' la domanda, 'la congiura del silenzio' e il 'diario di bordo'. D'accordo?

P. Sì!

T. Ci vediamo tra due settimane.

Grafico riassuntivo della sequenza di questo dialogo strategico

PROBLEMA
« da 13 anni soffro di panico »

DOMANDA GENERALE

Illusione di alternative — *DOMANDA* — Illusione di alternative

Illusione di alternative — *DOMANDA* — Illusione di alternative

Illusione di alternative — *DOMANDA* — Illusione di alternative

PARAFRASI RISTRUTTURANTE

Illusione di alternative — *DOMANDA* — Illusione di alternative

DOMANDA
SULLE PRECEDENTI TERAPIE

RIASSUMERE PER RIDEFINIRE

Illusione di alternative — *DOMANDA* — Illusione di alternative

IMMAGINE METAFORICA

PRESCRIZIONI
COME SCOPERTA CONGIUNTA
DI CIÒ CHE FARÀ CAMBIARE
Diario di bordo
e
Come peggiorare

PRESCRIZIONI FAMILIARI
COME COLLABORAZIONE
ALLA TERAPIA
Osservare senza intervenire
e
Congiura del silenzio

⇓

SOLUZIONE

II Seduta – con la moglie.

Terapeuta Allora, come vanno le cose?
Paziente Le cose vanno... 'benino'.
T. Che significa?
P. Significa che in effetti... dopo queste cose nuove che sto facendo, il fatto di scrivere sul foglio appena so che mi verrà questo attacco di panico...
T. Uhu!
P. Dunque, non mi è mai venuto un attacco di panico.
T. Non le è mai venuto un attacco di panico?
P. Mai venuto l'attacco di panico!
T. Nemmeno una volta?
P. No!
T. No. Ah meno male.
P. Quindi...
T. Quindi siamo contenti!
P. Bene!
T. E che tipo di vita abbiamo fatto? Ha continuato a evitare alcune situazioni?
P. Eh diciamo di sì!
T. Oh, ma nessuno gliel'aveva chiesto!
P. Però, specialmente i primi giorni da quando poi ci siamo salutati, sono stato leggermente più sereno... dentro! Questa è stata la cosa...
T. Uh.
P. Poi, il lavoro, lo stress... allora... è diminuita questa serenità interna che comunque ho avuto, ma sono riuscito comunque a trovarla scrivendo!
T. Ah. Quindi ci sono stati dei momenti critici, ma non attacchi di panico.
P. Non attacchi di panico.
T. Oh! Vediamo!

P. E due o tre volte, dopo aver scritto, sono stato proprio bene!

T. Oh! Bene, bene, me li ha portati? Le cose scritte?

P. Sì, sì. Glieli ho portati!

T. Quindi, nello scrivere, poi anche quei momenti un po' critici si scioglievano...

P. Sì. L'ansia restava, eh?

T. Non dobbiamo credere troppo, no?, alla Provvidenza...

P. Sì, però... prima non m'è mai venuto.

T. Ah, la Provvidenza ci aiuta, ma sa, non possiamo chiedere troppo sennò saremmo ingordi...

P. Scusi la calligrafia.

T. Prego, niente... [*guardando il 'diario'*] Bene, bene, bene, quindi tutte le volte che scriveva, le cose passavano.

P. Sì.

T. Bene, quindi si sarà reso conto che questo compitino non era solo diagnostico, ma era già... era qualcosa di terapeutico.

P. Certo, certo! Come: un piccolo sfogo...

T. Già... come un 'fare i conti'.

P. Come?

T. Come un *fare i conti* con quella paura.

P. Ah, sì, sì, sì!

T. La paura guardata in faccia...

P. ...guardata in faccia!

T. ...non è più paura, si trasforma in coraggio; la paura evitata si trasforma in panico.

P. Sì!

T. Bene, bene. Io l'ho costretta a farci i conti, a guardarla in faccia, ad annotarla...

P. Sì!

T. Molto bene! Però momenti di panico vero e proprio non ci sono mai stati...

P. No, appena stavano per venire... l'ho bloccato. Praticamente...

T. Bene, bene, lei che dice?

Moglie Oh, io a volte me ne sono accorta, a volte no.

T. Addirittura non se n'è nemmeno accorta!

M. A volte no.

T. Uh. Bene! E lei ha continuato a essere sempre così presente, protettiva... con lui...

M. No, no, ho evitato il discorso come ha detto lei.

T. Ah. Uhm! Quindi avete evitato di parlarne?

P. Sì! Almeno fino adesso, sì.

T. È stato difficile o è stato facile?

M. No.

P. No. Solo un certo... ma che c'è di male? Io gli ho detto, gli ho chiesto: «Ma... come mi vedi?» Nel senso che... che... giusto per...

M. Che cosa pensavo!

P. Cioè per sapere io, se ero cambiato... non lo so!

T. Ah, che cosa ha risposto?

M. Gli ho detto che io me ne sono accorta qualche volta, però... notavo che lui... cioè, che lui reagiva diversamente dal solito.

T. Ok, bene! Bene, sono molto contento, bene! Ecco, è mai capitato che lei abbia fatto qualcosa che l'avrebbe mandato nel panico e invece non è avvenuto?

P. No. Cioè, nel senso che...

M. Credo che comunque è stato dal parrucchiere.

P. Sì, ci sono stato... ho affrontato!

T. Ok!

P. Ho affrontato, e...

T. Quindi ha evitato di evitare certe situazioni.

M. Sì.

P. Sì, ma non sempre. Altre volte ho evitato...

T. Certo! Nessuno gli ha chiesto di mettersi alla prova, no?

P. Però, quando ho dato le ultime cose...

T. Certo! Molto, molto bene...

M. Per esempio lui dal barbiere non ci andava...

T. Mai?

M. No, cioè, non ci andava con piacere, cioè cercava di evitarlo, invece...

T. Ah...?

M. Ci è andato!

P. Bene! Anche se per due o tre volte, comunque. Però...

M. Vabbè, però c'è andato!

T. E quali sono state le risposte che mi ha portato? Le risposte alla domanda che le abbiamo proposto? Il secondo compito...

P. Il secondo compito era di non parlarne e poi di pensare almeno una volta al giorno...

T. A 'come peggiorare'...

P. ...eh, cioè, le cose che mi avrebbero fatto venire durante il giorno l'attacco di panico. Non tutti i giorni ci sono riuscito a pensare, nel senso che delle volte ho dimenticato di pensare a questo. Oh, logicamente solo qualche volta ho dimenticato, però la volta che l'ho pensato diciamo che ho affrontato diversamente quella determinata cosa.

T. Ah sì? Quali sono state le idee che le sono venute in mente per peggiorare volontariamente la situazione, cosa avrebbe potuto fare per stare peggio?

P. Andare in determinati posti...

T. Ok, bene.

P. Fare determinate cose in ufficio. Oppure... vabbè, quindi più... più che altro andare in determinati posti.

T. Ok.

P. È il fatto che io devo andare da solo...

T. Uhm!

P. È lì che mi blocco.

T. Uh!

P. E quindi... però diciamo che in questi giorni sono stato in vari posti, pensando al lavoro, ci sono riuscito...

T. Ah! Quindi ha fatto delle cose che prima avrebbe evitato di fare.

P. Sì! Le ho fatte! Ed ero anche contento di...

T. ...di farle.

P. Di farle, perché sono state, sono capitate, non erano in programma, e sono stato contento che sono capitate queste cose da fare, proprio perché avevo modo di affrontarle...

T. Bene, bene, bene. Quindi, in realtà non solo non ha avuto più panico, non solo, quando ha avuto ansie, la paura scrivendo se n'è andata, ma ha anche fatto delle cose che prima avrebbe evitato di fare... Alcune!

P. Alcune...

T. Bene, ok?

P. Però non è che se n'è andata tutta l'ansia, eh?

T. Piano... piano!

M. I primi giorni, quando si sente più carico!

T. Sarebbe troppo, sennò sarebbe venuto qui a prendersi un miracolo, e io ancora non sono vicino al buon Dio, no? Ok?

P. Sì.

T. Bene, bene, bene. Allora io dico che in questi casi abbiamo, come si suol dire, sbloccato un meccanismo inceppato, ora dobbiamo farlo andare...

La terapia è proceduta per altre otto sedute, seguendo alla lettera il protocollo di terapia per gli attacchi di panico (Nardone 1993; Nardone 2000; Nardone 2003N), sino alla completa soluzione del problema presentato. Ovvero la conquista della completa autonomia personale da parte del paziente.

In questo caso, al dialogo strategico svolto durante la prima seduta è seguita la terapia specifica per il particolare disturbo, con la sequenza di tecniche e stratagemmi terapeutici costruiti *ad hoc* per tale tipo di persistenza patologica. Ciò che è importante sottolineare è che in questo, come nella maggioranza dei casi, grazie al dialogo iniziale i sintomi invalidanti sono scomparsi dopo il primo incontro. Pertanto le successive fasi della terapia si sono svolte sulla base del «drammatico», quanto «sorprendente» per il paziente, cambiamento ottenuto nella prima seduta. Appare chiaro come questo inizio, all'apparenza magico, renda più facile guidare poi la persona al recupero delle proprie risorse personali.

Dopo questa immersione totale nel dialogo strategico in azione, riteniamo utile richiamare l'attenzione del lettore su alcuni punti chiave.

In primo luogo sulla strutturazione delle domande e delle parafrasi. Per quanto esse possano essere costruite *ad hoc* per specifiche classi di problemi, richiede sempre un corretto adattamento alla persona e al suo contesto. Inoltre, all'interno della stessa patologia possiamo trovare diverse varianti che richiedono differenti orientamenti del dialogo. A questo riguardo presso il nostro Centro è in corso un lavoro di sistematizzazione di tutte le varianti di domande, parafrasi e manovre evocative più idonee alle differenziazioni interne alle patologie, così come la formulazione di dialoghi strutturati per altre patologie sotto osservazione empirica (*Brief Strategic and Systemic Therapy European Review*, 2004).

In secondo luogo è importante evidenziare che anche la

dimensione non verbale, che non può essere espressa appieno dalle trascrizioni commentate dei dialoghi terapeutici, svolge un ruolo fondamentale, poiché amplifica, incornicia la comunicazione verbale. Non a caso fin dall'inizio del nostro lavoro di ricerca l'intervento sui pazienti, così come la formazione degli allievi, si sono svolti con l'ausilio delle videoregistrazioni come strumento non solo di osservazione ma anche di addestramento. Gli allievi, infatti, grazie alle videoregistrazioni delle sedute alle quali partecipano, possono rivedersi e confrontare il loro agire terapeutico con quello del supervisore che gli è accanto. In questo modo, chi sta apprendendo la tecnica corregge gradualmente i propri errori di strategia e di comunicazione, dapprima imitando il suo «maestro», giungendo poi a trovare il maestro dentro di sé.

Capitolo 4

Il dialogo sul dialogo

> È dalla combinazione di cose discordanti che nascono le più belle armonie.
>
> *Eraclito*

Per concludere la nostra esposizione abbiamo ritenuto utile e, speriamo, gradevole per il lettore mettere in scena un dialogo tra i due autori relativo al *dialogo strategico*. Non potevamo farlo che usando la tecnica fin qui illustrata.

La differenza è che in questo dialogo, come due combattenti che si alternano nel ruolo di chi attacca e di chi difende per allenare al meglio le tecniche in modo da realizzare una sorta di danza, i due autori si alternano nel ruolo di chi fa domande, chi dà risposte e chi propone parafrasi per ridefinire i contenuti del dialogo.

Giorgio Nardone Caro Alessandro, penso che tu meglio di me, in virtù della tua prolungata esperienza di studioso di psicologia e di psicoterapia, possa guidarmi a capire se questa tecnica è davvero innovativa, oppure se io la penso così perché sono molto coinvolto.

Alessandro Salvini Certamente, sarebbe troppo sbrigativo dire che ciò che appare immediatamente come innovativo in questo metodo che tu proponi è il fatto di rendere sempre e comunque *attivo* l'interlocutore rispetto a quello che viene detto e agito. Il cambiamento implica sempre un individuo attivo e non 'passivo' o 'reattivo'. Il salto tra le vecchie e le nuove forme di psicoterapia consiste proprio in questo: il passaggio da uno schema positivista – nel quale l'altro è qualcuno che è il prodotto dei suoi geni, della sua educazione, della famiglia, delle esperienze precoci, dei tratti di personalità – a uno schema pragmatista nel quale il soggetto è comunque *costruttore* della propria realtà attraverso le sue interazioni concrete e simboliche con se stesso, gli altri e il mondo.

Come abbiamo già chiarito in precedenza, 'pragmatico' non vuol dire 'pratico'. Cioè, nel senso dato da Dewey e James, significa un modo diverso di vedere i problemi psicologici. Ciò che il paziente *dice* di sé, *sente* e *percepisce*, *racconta* e *agisce* è sempre frutto del suo processo interpretativo, di un modo suo di manipolare la sua storia. La sua verità narrativa sfrutta e manipola comunque quella storica, piegandola a un senso e a un significato: nel caso delle patologie questo avviene nei tentativi disfunzionali e ridondanti di controllare o venire a capo del problema. In questo senso il dialogo strategico, come evoluzione della psicoterapia breve strategica, con il suo focalizzarsi sul conoscere i problemi mediante le loro soluzioni, rappresenta una decisa evoluzione epistemologica.

Inoltre, in linea con la tradizione pragmatista, secondo questo modello si assume una posizione per cui il paziente viene visto come una persona le cui idee e sentimenti non si limitano a riflettere la sua realtà psicobiografica o i suoi fatti e condizionamenti realmente subiti, ma li trasformano, li elaborano, producendo un'esperienza e un conseguente modo di pensare e di agire. Pertanto il terapeuta strategi-

co è per prima cosa uno psicologo o uno psichiatra che ha cambiato modo di pensare, passando da un paradigma positivista ed empirista a uno pragmatista, ovvero a un interazionismo libero da un impaccio fisicalista, aprioristico, fattuale e deterministico.
Spesso, al contrario di quanto si possa credere, sono proprio gli psicologi e gli psichiatri a far resistenza a questo salto paradigmatico; le loro resistenze cognitive sono funzionali alla loro identità, alle aspettative sociali, al ruolo che è chiesto loro di agire. Si può versare nuovo sapere nello stesso vaso, ma il nuovo sapere non modificherà il vaso, anzi assumerà la stessa forma.
Una caratteristica ulteriormente innovativa di tale tecnica è che questo tipo di dialogo si distingue da altre metodiche comunicative in uso in psicoterapia, essendo una vera e propria interazione strategica nella quale il soggetto è indotto ad assumere il punto di vista suggerito dal terapeuta, per cui coglie, ad esempio, senza che gli venga detto direttamente, l'effetto disfunzionale delle sue tentate soluzioni, avendo come effetto la naturale tendenza a volerle cambiare. Tale forma di dialogo fra terapeuta e paziente è una forma di comunicazione particolare. Sinteticamente potremmo dire una co-costruzione di realtà, nella quale il soggetto viene coinvolto inconsapevolmente, ma attivamente; si tratta di indurre l'altro a convincersi che sta vedendo le cose attraverso una prospettiva, che in realtà gli viene suggerita dal terapeuta, attraverso lo stratagemma a imbuto e dualistico delle domande e risposte.
Queste domande hanno il duplice compito di far capire al paziente come affronta la sua realtà, e al tempo stesso di indurlo a scegliere tra opzioni anta-

goniste un modo diverso di configurarla. Le parafrasi successive gli fanno ancorare tali assunzioni come vere esperienze vissute, e il tutto conduce a un effettivo cambiamento del suo modo di percepire le cose. In altri termini, se la persona è vittima di un autoinganno può guarire attraverso un altro autoinganno. La caratteristica di questo modo di condurre il dialogo terapeutico, davvero innovativa, è che trasforma gli autoinganni patogeni del paziente in autoinganni terapeutici dei quali egli stesso è l'artefice.

G.N. Dal tuo punto di vista di studioso scettico, il cambiamento che si ottiene in maniera così rapida, grazie a questa forma di dialogo terapeutico, ti appare qualcosa di radicale e persistente oppure un cambiamento superficiale che proporrà dopo un po' di tempo ricadute nei vecchi modelli patogeni del paziente?

A.S. Vedi, caro Giorgio, i problemi psicologici umani sono problemi particolari. Il modo in cui vengono generati e possono esser risolti implica un modo di pensare diverso da quello che usiamo per risolvere problemi per così dire fisici. Gli individui sono soggetti attivi che costruiscono eventi che poi subiscono. Il loro livello di realtà, oltre che nell'esperienza concreta, è inscritto negli enunciati discorsivi, impliciti ed espliciti, che producono effetti reali a partire da strutture di pensiero organizzate in modo dialogico. Questi conferiscono alla realtà prodotta una tangibilità che appartiene al senso e al significato attribuitogli dal soggetto stesso. La chiave del cambiamento è, quindi, indurre la persona a modificare il suo punto di vista rispetto al problema che l'affligge: percezioni, valutazioni, attribuzioni causali, attribuzioni di senso, generi discorsivi... Far cambiare prospettiva innesca un cambiamento a tutti questi livelli, il quale è pertanto qualcosa che oltre a produrre effetti rapidi e concreti andrà a stabilizzarsi. Se l'inventato, o meglio il ricostruito, il canalizzato diventa credibile e di per sé sentito vero, sarà l'interlocutore senza accorgersene a rintracciare una coerenza tra quanto detto, affermato e sentito, riorganizzando così in maniera strutturale la sua percezione della realtà.

G.N. Definiresti questa modalità di condurre il dialogo una tecnica manipolatoria o una strategia che induce una collaborazione terapeutica?

A.S. Il dialogo strategico mi appare come un insieme di stratagemmi terapeutici, qualcosa quindi di diverso da una consulenza, da una conversazione esortativa, da una comunicazione descrittiva ed esplicativa. In questo caso, come afferma Austin, «dire è agire».

Il terapeuta quindi non spiega, *agisce* sul dire utilizzando quanto l'interlocutore gli risponde. Si tratta di una interazione strategica, quindi di un modo particolare di gestire una relazione dialogica, dagli effetti persuasivi e ristrutturanti. Lo schema dialogico costruito per antinomia, ovvero il dialogo che guida l'interlocutore per un percorso di *alternative* in cui una esclude l'altra, utilizza e ricalca una concezione logica della realtà divisa tra opposti che è fondamentale per la cultura occidentale. L'effetto è una dolce manipolazione, semplificante ma non riduttivista. Questa serve a ridurre la complessità, a introdurre l'interlocutore in un percorso capace di sfruttare al massimo una possibilità persuasiva basata sul principio della coerenza; viene sfruttato un modo convenzionale ed elementare di rappresentarsi la realtà, ovvero per opposti. Nessuno riesce a tollerare o a violare il principio di non contraddizione, quando viene inserito in un'argomentazione che lo propone come regola. Non è la validità, la verità dello schema che interessa, ma il fatto di ottenere degli effetti autopersuasivi; per aggirare le difese è necessario avvalersi di uno schema argomentativo la cui logica sia altamente rassicurante, perché fa già parte del modo di pensare dell'interlocutore. Per poi giungere, grazie a tutto ciò, alla scoperta di qualcosa che infrange su modelli precedenti di percezione della realtà, conducendoli all'autodistruzione.

G.N. Bene... Alessandro, parafrasando insieme: dalle tue risposte, correggimi se sbaglio, deduco che tu ritieni il dialogo strategico una tecnica innovativa che è la naturale evoluzione di un modello di psicoterapia breve strategica, originariamente sviluppatosi presso il Centro di Terapia Strategica negli ultimi quindici anni in una tradizione che dal pragmatismo passa per l'interazionalismo simbolico, fino alle formulazioni della Scuola di Palo Alto.

Inoltre, se non vado errato, pensi che gli effetti di questa strategia terapeutica siano cambiamenti radicali, e non una sorta di maquillage terapeutico nella percezione, nelle rappresentazioni e nei comportamenti delle persone. Tali effetti terapeutici tendono a persistere nel tempo perché vanno a incidere sulle modalità attraverso le quali ognuno costruisce ciò che poi subisce.

Infine, ti appare chiaro che questo scambio comunicativo non sia una forzatura direttiva manipolatoria, ma una sottile induzione ad autoinganni terapeutici, che innesca una spirale virtuosa di scoperte congiunte tra terapeuta e paziente.

A.S. Sì, proprio così, vedo che hai ben inteso il mio pensiero...!
Secondo te, cambiare punto di vista implica solo il cambiare le cognizioni o richiede anche di cambiare l'agire?

G.N. Dal mio punto di vista il cambiamento delle cognizioni, al contrario di quello che si pensa nelle forme tradizionali di psicoterapia, orientate tutte all'insight e quindi a un lavoro prevalente sull'incremento delle strutture cognitive del paziente, rappresenta soltanto l'ultimo effetto terapeutico, e nemmeno il più importante. Quando si induce una persona a cambiare punto di vista rispetto alle realtà che non riesce a gestire, il primo effetto che si ottiene è di tipo percettivo, ovvero si modifica il modo di sentire quella cosa. Il secondo effetto è il trasferire in azioni le differenti sensazioni prodotte dalle diverse percezioni.
Solo dopo aver realizzato, attraverso queste due fasi, i cambiamenti necessari per la soluzione del problema, è necessario orientare il paziente verso l'acquisizione di consapevolezza di tutto ciò. Il cambiamento del punto di vista prevede una scoperta illuminante. Le scoperte, nel senso più reale del termine, non possono essere realizzate a livello cognitivo: le cognizioni sono l'effetto, non la causa delle scoperte.

A.S. Il dialogo strategico è una metodica applicabile solo ad alcune classi di disturbi, o a tutto lo scibile delle patologie?

G.N. Nulla vale per tutto o per sempre. Se così fosse sarebbe opera disumana. La tecnica del dialogo strategico, così come la psicoterapia breve strategica, è un modello di *problem solving* che per definizione può essere applicato a tutte le tipologie di problema, ma richiede un costante adattamento alla irripetibilità dei contesti, delle situazioni, delle persone. Inoltre, come tecnica si è dimostrata senza dubbio più efficace su alcune classi di disturbo ove la sintomatologia si esprime in modo invalidante per il soggetto, come ad esempio i disturbi fobici e ossessivo-compulsivi, i disordini alimentari, le presunte psicosi, le relazioni conflittuali, e così via. Mentre non si dimostra significativamente più efficace rispetto ad altre forme di dialogo terapeutico, basato sulle spiegazioni piuttosto che sulle ingiunzioni, nei confronti di disagi psicologici che non presentino disturbi acuti. Il paradosso che ne deriva è che la forma più breve di terapia appare idonea proprio per le patologie più difficili e resistenti.

A.S. Le tentate soluzioni disfunzionali vengono mantenute come effetto sintomatico di una patologia della personalità, oppure svolgono o hanno svolto una importante funzione per il soggetto?

G.N. Il costrutto di tentata soluzione, elaborato dal gruppo di ricercatori del Mental Research Institute di Palo Alto, si riferisce alle modalità ridondanti che possono essere osservate nelle persone, come risposta a determinate situazioni problematiche. Si tratta di forme di interazione tra il soggetto e la sua realtà che vengono a stabilirsi grazie all'esperienza, come rigidi copioni che si ripetono. Nelle ricerche empiriche per la messa a punto dei protocolli di trattamento specifico di particolari patologie, condotti nel nostro centro nell'arco di oltre quindici anni, abbiamo osservato che certi copioni di tentate soluzioni fallimentari sono gli stessi per individui differenti all'interno della medesima patologia; pertanto, non è la personalità del soggetto a determinare tentate soluzioni patogene, ma l'organizzazione del problema, che struttura risposte simili anche in persone diverse. È quindi l'interazione tra individui e realtà a determinare in situazioni simili le stesse reazioni in persone differenti. Questo sta anche a indicare che certe ridondanti modalità di tentata gestione di un problema tendono a stabilirsi come forme di equilibrio che resiste al cambiamento e che struttura intorno a sé tutta una serie di altri equilibri interdipendenti che finiranno per renderlo funzionale, se non addirittura utile. Ad esempio, una persona con un disturbo fobico che chiede continuamente aiuto al partner o alla madre per affrontare situazioni minacciose, dopo un certo periodo di persistenza di questo copione giungerà a strutturare un legame morboso con il suo aiutante privilegiato, per il quale il problema diviene una sorta di vantaggio.

A.S. Caro Giorgio... parafrasiamo insieme le tue risposte... Correggimi se baglio: a quanto dici, è importante ripetere, con le parole di Austin, che il dire è anche fare: il pensato, agito attraverso le parole, diviene un'azione, e come tale si costituisce come esperienza che, se ben focalizzata, diventa autocorrettiva.

Tu ritieni, se ho ben capito, che questa forma di dialogo strategico sia applicabile a tutte le disfunzioni psicologiche. Tuttavia sta all'abilità del terapeuta di ritagliare il processo non solo del problema in quanto sintomo, ma in sintonia con le rappresentazioni, le organizzazioni mentali e comportamentali con le quali l'altro gestisce in maniera ricorsiva i suoi problemi. Infine tu credi, se non vado errato, che i vantaggi secondari che vengono a costituirsi sulla base di dinamiche patologiche siano poi importanti per l'organizzazione, seppur disfunzionale, della persona. Ad esempio, nel caso in cui, per mantenere stabili delle relazioni, è necessaria la persistenza dei sintomi. Dalle ricerche effettuate tali espressioni sintomatiche, frutto di ridondanti copioni di tentate soluzioni disfunzionali, non si sono dimostrate determinate dalla personalità alterata dei soggetti disturbati, ma come effetto della interazione disfunzionale con situazioni che hanno messo le persone nella condizione di attivare percezioni e reazioni patogene, la cui ripetizione nel tempo ha condotto alla strutturazione della patologia vera e propria.

G.N. Proprio così. Mi fa piacere constatare che hai colto in pieno le mie idee...!

A.S. Se me lo concedi, caro Giorgio, permettimi di chiudere con una riflessione che propongo al lettore. Tutto quanto descritto in questo testo può sembrare cinico, sofista, raggirante, e via dicendo, ma in questo caso (in una realtà deontologicamente controllata e professionalmente qualificata) il fine congiunto di terapeuta e paziente giustifica i mezzi. In chirurgia è una prassi ricorrente, al fine di restituire la salute al paziente; dire 'manipolante', 'raggirante', è vedere le cose presumendo una verità metafisica. Anche un'insegnante elementare manipola l'attenzione del proprio allievo, manipola la sua mente in funzione dell'apprendimento. In certi casi bisogna sottrarre le parole al loro uso corrente. Anche il termine 'cinico', ricondotto al suo significato originale, illustra un modo di pensare e di agire il cui rigore morale è affidato alla diffidenza verso le regole, le abitudini, le convenzioni imposte dalla tradizione (il *nomos*). I cinici sono gli esponenti di un pensiero sobrio, anticonvenzionale, volto a coltivare l'etica come conquista personale, risultato dimostrato di uno stile di vita e di un modo di pensare. Antistene, Talete o Luciano di Samosata, tanto per citarne alcuni tra i molti filosofi che hanno subito il giudizio moraleggiante da parte di altre scuole filosofiche, soprattutto quelle confessionali, basate sull'autorità religiosa o politica: ovvero, sulle definizioni aprioristiche e autoritarie di come gli individui debbano percepire e agire. Le disfunzioni psicologiche (quelle che con una similitudine chiamiamo 'psicopatologiche') sono figlie di un modo autoritario e dogmatico di pensare alla realtà; l'individuo tende a congelarla rendendola pervasiva, ridondante, produttrice di tentate soluzioni fallimentari. Senz'altro possiamo allora riconoscere il valore del dialogo strategico non solo dell'antica tradizione sofistica, ma anche della scuola cinica. Diventa irrilevante l'accezione negativa – strumentale e impropria – del termine 'sofista' e 'cinico'. Il dialogo strategico che abbiamo descritto sin qui, in linea con tale tradizione, guida la persona non solo a scoprire come risolvere i suoi problemi, ma anche a inventarsi la sua libertà al di fuori delle rigide gabbie patogene e normative tipiche di visioni ideologiche, all'interno delle quali, tra i molti espedienti di potere, le tradizionali forme di psichiatrizzazione, come la storia antica e moderna ci insegna, sono l'esempio più ricorrente.

G.N. Quanto dichiari in maniera così appassionata non solo mi entusiasma, ma impone alla mia mente le parole di tre pensatori. Questo mi sembra il miglior modo per associarmi a quanto hai affermato.

Il primo è Francis Bacon, il quale di fronte alla

trappola della conoscenza irrigidita in schemi afferma: «La comprensione umana per sua stessa natura è prona a concepire l'esistenza di più ordine e regolarità di quanto nel mondo trova».
Il secondo è William James, il quale ammonisce dal rischio del vincolarsi alle rassicuranti teorie descrittive, invitando a usarle non come punto di arrivo, ma come trampolino di lancio: «Le teorie diventano allora strumenti, e non risposte agli enigmi che pongono fine alla ricerca».
Infine, le parole di un filosofo 'stoico', Epitteto, il quale ci invita a uscire dalla trappola della ricerca di una causa o di un colpevole, se vogliamo davvero risolvere un problema o cambiare costruttivamente una realtà: «Accusare gli altri delle proprie disgrazie è una prova dell'umana ignoranza; accusare se stessi significa cominciare a capire; non accusare né gli altri né se stessi è vera sapienza».

A.S./G.N. Quale miglior modo di metter fine al nostro dialogo sul dialogo strategico?

ro come evitare le trappole della psichiatria e della psicoterapia, Ponte alle Grazie, Firenze, 1994.
G. Nardone, *Oltre i limiti della Paura*, BUR, Milano, 2000.
G. Nardone, *Non c'è notte che non veda giorno*, Ponte alle Grazie, Milano, 2003 (Nel testo Nardone 2003N).
G. Nardone, *Cavalcare la propria tigre*, Ponte alle Grazie, Milano, 2003 (Nel testo Nardone 2003C).
G. Nardone, *Constructivist theory and therapy*, in *Counseling and psychoterapy theories in context and practice*, John Wiley & Sons, New Jersey, 2004, cap. 11, pp. 376-392.
G. Nardone, P. Watzlawick, *L'arte del cambiamento*, Ponte alle Grazie, Milano, 1990.
G. Nardone, A. Fiorenza, *L'intervento strategico nei contesti educativi. Comunicazione e problem solving per i problemi scolastici*, Giuffrè, Milano, 1995.
G. Nardone, T. Verbitz, R. Milanese, *Le Prigioni del cibo*, Ponte alle Grazie, Milano, 1999.
G. Nardone, R. Milanese, E. Mariotti, A. Fiorenza, *La terapia dell'azienda malata. Problem solving strategico per organizzazioni*, Ponte alle Grazie, Milano, 2000.
G. Nardone, E. Giannotti, R. Rocchi, *Modelli di famiglia. Conoscere e risolvere i problemi tra genitori e figli*, Ponte alle Grazie, Milano, 2001.
G. Nardone, F. Cagnoni, *Perversioni in rete. Le psicopatologie da internet e il loro trattamento*, Ponte alle Grazie, Milano, 2002.
F. Nietzsche, *La gaia scienza*, Adelphi, Milano, 1968.
B. Pascal, *Pensieri*, Einaudi, Torino, 1962.
F. Pessoa, *Maschere e paradossi*, Feltrinelli, Milano, 1993.
Pitagora in Roncoroni, *op. cit.*, 1993.
Plutarco, *Dialoghi delfici*, Adelphi, Milano, 1983.
Plutarco, *Vite parallele*, BUR, Milano, 1987.
M. Proust, *Alla ricerca del tempo perduto*, BUR, Milano, 1999.
G. Reale, *Platone, tutti gli scritti*, Bompiani, Milano, 2000.
C. Rogers, *La terapia centrata sul cliente*, Giunti, Firenze, 1997.
B. Russel, *Saggi impopolari*, Simon & Schuster, New York, 1950.
A. Salvini, *Pluralismo teorico e pragmatismo conoscitivo*, in E.

Fiora, I. Pedrabissi, *Pluralismo e pragmatismo conoscitivo: assunti metateorici in psicologia della personalità*, Giuffrè, Milano, 1989.
Santajana in B. Russel, *The Philosophy of Santajana*, The Library of living Philosophers, North Western University, 1940.
R. Scruton, *Guida filosofica per tipi intelligenti*, Cortina, Milano, 1997.
E. Severino, *La filosofia antica*, BUR, Milano, 1984.
T. Sevillat, *First session hypnotic questioning*, in *Brief Strategic and Systemic European Journal*, n. 1, p. 165, Arezzo, 2004.
S. Sirigatti, *Comunicazione personale*, Firenze, 1999.
B. Škorjanec, *Il linguaggio della terapia breve*, Ponte alle Grazie, Milano, 2000.
Sun Pin, *Metodi Militari*, Neri Pozza, Vicenza, 1999.
Sun Tzu, *L'arte della guerra*, Guida Editore, Napoli, 1998.
R. Thom, *Parabole e catastrofi*, il Saggiatore, Milano, 1990.
Tommaso d'Aquino, *Summa Theologica*.
F. Volpi, *La dialettica degli antichi*, in Volpi (a cura di), *Schopenhauer, L'arte di ottenere ragione*, Adelphi, Milano, 1991.
P. Watzlawick, J.H. Weakland, R. Fish, *Change*, Astrolabio-Ubaldini Editore, Roma, 1974.
P. Watzlawick, J.H. Beavin, D.D. Jackson, *Pragmatica della Comunicazione Umana*, Astrolabio-Ubaldini Editore, Roma, 1971.
P. Watzlawick, *La realtà inventata*, Feltrinelli, Milano, 1980.
P. Watzlawick, *Il linguaggio del cambiamento: elementi di comunicazione terapeutica*, Feltrinelli, Milano, 1980.
P. Watzlawick, G. Nardone (a cura di), *Terapia Breve Strategica*, Cortina, Milano, 1997.
A. Whitehead, in K. Papper, *La società aperta e i suoi nemici*, Armando, Roma, 1974.
O. Wilde, *Aforismi*, Mondadori, Milano, 1986.
L. Wittgenstein, *Osservazioni sulla filosofia della psicologia*, Adelphi, Milano, 1990.

Indice

Prefazione 5

Capitolo 1 – La scoperta del dimenticato 7
1. Il dialogo, la dialogica e la dialettica: le forme sottili della persuasione 7
2. Conoscere cambiando: il dialogo strategico 21

Capitolo 2 – La struttura del dialogo strategico 42
1. Le domande a illusione di alternative 42
2. Le parafrasi ristrutturanti 48
3. Evocare sensazioni 51
4. Riassumere per ridefinire 54
5. Prescrivere come scoperta congiunta 57

Capitolo 3 – Il dialogo strategico in azione: esempi di Tecnologia Magica 59
Caso I Dismorfofobia 60
Caso II Depressione manageriale 70
Caso III Vomiting 79
Caso IV Attacchi di panico 101

Capitolo 4 – Il dialogo sul dialogo 122

Bibliografia 135

Finito di stampare
nel mese di maggio 2022
per conto della Adriano Salani Editore s.u.r.l.
da Rotomail Italia S.p.A. – Vignate (MI)
Printed in Italy